Low Carb

OTUS Lifestyle

Inhalt

Vorwort

Lassen Sie uns gleich zu Beginn ein hartnäckiges Vorurteil richtigstellen. Es stimmt keineswegs, dass man bei einer Ernährungsweise, die Kohlenhydrate stark reduziert, auch auf Genuss und Geschmack verzichten muss. Sogar das Gegenteil ist der Fall: Wer die in diesem Buch vorgestellten Low-Carb-Rezepte nachkocht, wird überrascht sein, welche geschmackliche Vielfalt eine kohlenhydratarme Ernährung zu bieten hat. Köche und Feinschmecker haben inzwischen zahlreiche Ideen entwickelt, um Pasta, Brot und andere Kohlenhydrat-Fallen durch clevere, leckere und vor allem leichte Alternativen zu ersetzen. Und mehr noch: Der Verzicht auf Kohlenhydrate bedeutet nicht nur einen geschmacklichen Gewinn, sondern auch einen spürbaren Beitrag für das eigene Wohlgefühl. Genau darum geht es nämlich den meisten Low-Carb-Anhängern: Sie wollen sich nach dem Essen besser fühlen. Sie verzichten auf Kohlenhydrate, weil sie auf das unangenehme Völlegefühl nach den Mahlzeiten gut und gern verzichten können. Ebenso wie auf Müdigkeit oder Konzentrationsschwäche. Und natürlich auch auf das eine oder andere Kilo auf den Hüften. Wer Kohlenhydrate reduziert, maximiert seine Lebensqualität. Und das gilt für jedermann. Es geht nicht darum, sich einseitig oder radikal zu ernähren, sondern mit einem ausgewogenen Mix aus Nährstoffen, der dem Körper besser bekommt als die üblichen Carb-Bomben. Im Mittelpunkt sollte immer die Lebensfreude stehen. Es wird Ihnen guttun.

Low Carb: Was ist das?

„Low Carb" ist eine Vokabel, die derzeit sprichwörtlich in aller Munde ist. Es handelt sich um einen Ernährungstrend, der sich aus dem englischen Begriff "low carbohydrates" ableitet. Übersetzt bedeutet das so viel wie „wenig Kohlenhydrate". Als Vorreiter für diesen Ernährungstrend gilt der Amerikaner Robert Atkins, der bereits in den 1970er-Jahren ein Buch mit der Anleitung zu einer kohlenhydratarmen Ernährung publiziert hat. Er hat den Carb-Verzicht vor allem als Methode zum Abnehmen verbreitet.

Kohlenhydrate vermeiden

Kohlenhydrate sind neben Fetten und Eiweißen einer der Hauptbestandteile unserer Nahrung und kommen dabei besonders in Getreideprodukten in hoher Konzentration vor. Vertreter einer kohlenhydratfreien oder -armen Ernährung stützen sich nicht nur auf die wissenschaftliche Erkenntnis, dass Kohlenhydrate den Verdauungsprozess ungünstig beeinträchtigen, sondern vor allem auch auf historische und evolutionsbiologische Erwägungen. Demnach ist das Verdauungssystem des modernen Menschen noch immer dem eines Urmenschen im weitesten Sinne ähnlich. Vergleicht man jedoch die Ernährungsweise der Urmenschen mit der der modernen Gesellschaft, haben sich enorme Unterschiede entwickelt. Während die Jäger und Sammler von damals hauptsächlich Fleisch, Fisch, Pflanzen und nur in geringen Mengen Getreide zu sich genommen haben, hat sich dieses Verhältnis heute ins Gegenteil verkehrt. Denn der moderne Speiseplan besteht zu einem Großteil aus Getreide. Kohlenhydrate in Form von Brot, Brötchen, Kuchen, Pasta, Pizza und vielem mehr bestimmen unseren Alltag. Und,

so sagen es die „Carb-Gegner", auch unsere Figur und Gesundheit. Und zwar zum Nachteil. Tatsächlich gibt erst seit wenigen Jahrzehnten eine industrialisiert organisierte Form des Ackerbaus. Eine Tatsache, die vermuten lässt, dass eine getreidereiche Ernährung nicht unbedingt unseren ursprünglichen Ernährungsgewohnheiten entspricht.

Schlank und gesund: Was bewirkt Low Carb?

Eine getreide- und damit kohlenhydratreiche Ernährung mag also vielleicht nicht in unseren Genen liegen, doch warum sollte sie uns allein deshalb schaden? Und was ist überhaupt der Grund, weshalb „Carbs" als Dickmacher in Verruf geraten sind? Immerhin – das müssen die meisten zugeben – schmecken Nudeln, Brot, Müsli und Co doch sehr lecker. Dennoch werden Carbs derzeit bei vielen Figur- und Ernährungsbewussten strikt vom Speiseplan gestrichen und siehe da: In vielen Fällen tritt wirklich der gewünschte Figur-Effekt ein. Kohlenhydratfreie Ernährung lässt Menschen an Gewicht verlieren. Das ist sogar wissenschaftlich erwiesen.

Dennoch gibt es nicht nur Low-Carb-Befürworter. Kritische Stimmen aus der Medizin und Ernährungswissenschaft warnen sogar davor, die Low-Carb-These allzu streng zu behandeln. Sie sagen: Abnehmen tut immer nur derjenige, der seinem Körper weniger Energie zuführt, als er verbraucht. Der Prozess der Gewichtsreduktion sei, vereinfacht gesprochen, also nichts weiter als eine negative Energiebilanz – unabhängig davon, ob man die Energie aus Kohlenhydraten, Fetten oder sonstigen Nährstoffen zu sich nimmt. Autoren und Ernährungswissenschaft-

ler wie Atkins haben allerdings insofern recht, als dass Kohlenhydrate sehr hohe Energiewerte haben. Für Großteile der Welt ist Getreide genau aus diesem Grund das Hauptnahrungsmittel; weil es ein Energielieferant der Extraklasse ist. Doch nur aus diesem Grund allein macht es noch lange nicht dick. Erst wenn dem Köper mehr Energie zugeführt wird, als er verbrennt, verwandelt sich die zugeführte Energie in ungeliebte Polster rund um Hüfte und Po. Dabei ist es für die Energiebilanz vollkommen gleichgültig, ob diese Energie aus Getreide oder aus Fleisch, Milchprodukten oder Süßigkeiten besteht. Die Rechnung bleibt immer die gleiche. Nämlich: Eine Kalorie ist eine Kalorie ist eine Kalorie. Doch nun kommt der Low-Carb-Diät-Trick: Wer energiereiche, kohlenhydrathaltige Produkte von seinem Speiseplan streicht, verringert damit eine große Menge der aufgenommenen Kalorien und nimmt ab. Insofern hat Atkins recht. Jedoch funktioniert es mit dem gewünschten Diät-Effekt nur dann, wenn die eingesparten Carbs nicht durch andere Energielieferanten ersetzt werden. Sprich: Wer auf sein Frühstücksmüsli und seine Pasta zu Mittag verzichtet, stattdessen aber mehr fettes Fleisch oder Süßigkeiten zu sich nimmt, hat nichts an Energie gespart und wird damit auch keinen Effekt auf der Waage erleben.

„Low Carb“ statt „No Carb“!

Kohlenhydrate machen weder mehr oder weniger dick als andere Nahrungsmittel, noch sind sie per se ungesund. Wie in allen Fragen der Ernährung kommt es auch hier auf das **Maß** an. Grundsätzlich sollte in einer ausgewogenen Ernährung eines gesunden Menschen auch eine **Vielfalt an Kohlenhydraten** enthalten sein. „Low Carb“ steht für eine **Reduktion**, nicht aber für einen Verzicht auf Kohlenhydrate.

Nie mehr Nudeln?

Viele Menschen lieben Pasta. Und keine Sorge: Sie müssen nicht darauf verzichten. Jedenfalls nicht so richtig. Sogenannte Zoodles sind ein moderner Foodtrend, bei dem man mithilfe eines Spiralschneiders aus Zucchinis feine Streifen schneidet, die die Form von Spaghetti haben. Bei kurzer Garzeit sind diese Gemüsenudeln ebenso bissfest und „al dente“ wie echte Pasta. Und sie schmecken sogar mit jeder gewöhnlichen Nudelsoße oder jedem Pesto!

Zum anderen warnen Ernährungswissenschaftler vor einer unausgewogenen Ernährung. Wer gänzlich auf Kohlenhydrate verzichtet und dafür umso mehr Fette und (tierische) Eiweiße isst, könnte Probleme mit dem Cholesterinspiegel und der Nierenfunktion riskieren. Bei Low Carb, Atkins und Co gilt: Grundsätzlich besteht eine gesunde Ernährung aus einer ausgewogenen, wenn auch bewussten Mischkost. Radikale oder extreme Ernährungsmethoden schaden grundsätzlich mehr, als sie nützen.

Trügerischer Genuss – Obst

Während **Gemüse** gesunde Kohlenhydrate liefert, ist bei **Obst** ein wenig **Vorsicht geboten**. Obst enthält oft **viel Zucker** und damit „schnelle Kohlenhydrate", die nicht langfristig sättigen, sondern den **Insulinspiegel** lediglich **kurzfristig pushen**, um anschließend **Heißhunger** auszulösen. Der hohe Zuckeranteil treibt zudem den Kaloriengehalt unnötig in die Höhe.

Die Insulinfalle!

Dass Carbs in puncto Figur und Gesundheit in Verruf stehen, liegt aber nicht nur an ihrem hohen Energiegehalt, sondern vor allem auch an ihrer Insulinwirksamkeit. Insulin ist ein Botenstoff des Körpers, der wichtig ist, um Nahrung so aufzubereiten, dass sie als Energiereserve, also als Fett(pölsterchen), bereitsteht. Solange Insulin hoch dosiert im Blut ist, bildet der Körper Fettreserven. Gleichzeitig wird ein Gefühl der Sättigung vermittelt, welches jedoch trügerisch ist. Denn nicht alle Kohlenhydrate enthalten die gleichen Sättigungs- und damit Insulin-Effekte. So gibt es sogenannte schnelle Kohlenhydrate, die zwar kurzfristig ein hohes Energieniveau liefern, den Blutzuckerspiegel (Insulin) in die Höhe schnellen lassen und uns fit fühlen lassen. Doch ebenso schnell, wie sie uns gepusht haben, flachen sie wieder ab. Wir tappen in die Insulinfalle; fühlen uns schlapp, müde und haben Heißhunger auf Nachschub. Solche „schnellen Kohlenhydrate" stecken vor allem in hellen Getreidesorten und Zucker. Zucker ist nämlich ebenfalls nichts anderes als ein Kohlenhydrat. Im Unterschied dazu gibt es aber auch

langkettige, „langsame" Kohlenhydrate. Dabei handelt es sich vor allem um sogenannte Ballaststoffe. Ballaststoffe sind, pauschal gesagt, nichts anderes als pflanzliche Kohlenhydrate. Ballaststoffe kommen ausschließlich in pflanzlichen Produkten vor und sind komplexer aufgebaut als die Kohlenhydrate, die wir gängig kennen (z.B. Zucker oder Stärke). Dieser komplexere Aufbau sorgt dafür, dass der Verdauungsprozess länger dauert und wir uns damit auch länger gesättigt fühlen. Anders als Sattmacher aus Getreide weisen pflanzliche Ballaststoffe im Übrigen weniger Kalorien auf. Brokkoli, Zucchini und Kohl sind dabei die Gemüsesorten, die einen besonders hohen Gehalt an Ballaststoffen haben. Wer ohne Kohlenhydrate und stattdessen mit seinem Wunschgewicht leben möchte, ist mit diesen grünen Power-Produkten daher bestens beraten.

Minus Carb, plus Eiweiß

Grundlage der Low-Carb-Ernährung ist neben dem Verzicht auf Kohlenhydrate auch der gesteigerte Konsum von Eiweiß. Diese Nährstoffgruppe ist aufgrund ihrer biochemischen Beschaffenheit ebenfalls aufwendiger zu verdauen und erzeugt so ein lang anhaltendes Sättigungsgefühl. Zudem sind Eiweiße ein wichtiger Baustein der Muskelmasse, den der Körper nicht selbst produzieren kann, sondern bei dem er auf die Zufuhr von außen, also durch die Nahrung, angewiesen ist. Wer Fett verlieren und Muckis behalten will, futtert daher Proteine. Zudem haben eiweißhaltige Speisen in der Regel eine vergleichsweise geringe Kalorienbilanz. Trotz hoher Sättigung und dem Mucki-Bonus hält man also sein Kalorien-Konto im schlanken Bereich. Lieferanten für Eiweiß sind Fleisch, Fisch, Milchprodukte, Eier, aber auch diverse Hülsenfrüchte wie beispielsweise Kichererbsen.

Versteckte Kohlenhydrate

Das Gemeine an Kohlenhydraten ist die Tatsache, dass sie sich in vielen Lebensmitteln verstecken, von denen man es zunächst nicht vermutet. Typische Kohlenhydratfallen sind vor allem verarbeitete Nahrungsmittel und Fertiggerichte. Viele Wurstwaren, die aus einem Gemisch verschiedener Fleischsorten, weiterer tierischer Erzeugnisse und

eben oft auch aus getreidehaltigen Bindemitteln und Zuckerzusätzen bestehen, sind echte Carb-Fallen, obwohl man zunächst meinen mag, dass Wurst nichts mit Getreide zu tun hat. Täuschend ist auch, dass Kohlenhydrate in Milchspeisen wie Eis oder Fruchtquark zu finden sein können. In diesen Fällen ist es vor allem der Zucker, der für den hohen Carb-Anteil verantwortlich ist. Zucker ist einer der höchsten Träger von Kohlenhydraten. Ebenfalls als typische Carb-Fallen gelten Tütensuppen, viele Konserven und natürlich fertige Kuchen, Backmischungen sowie Soßen (Achtung: Ketchup, süßer Senf und viele andere Soßen sind echte Carb-Bomben), aber auch verschiedene Getränke. Bei Weizenbier ergibt sich der Getreidegehalt bereits aus dem Namen. Aber auch zubereitete Softgetränke wie z.B. Fruchtsäfte oder Milchmischgetränke sind Carb-Bomben.

Die Low-Carb-Faustformel

Wer sich das ständige Studieren von Inhaltslisten sparen möchte, kann sich an eine simple Faustformel halten, um gute Low-Carb-Lebensmittel zu erkennen. Und die lautet: Je natürlicher (also unverarbeiteter) ein Produkt ist (z.B. Schinken, Gemüse, Käse), desto eher ist es low carb. Hingegen kann man bei fast allen Lebensmitteln, die durch einen Verarbeitungsprozess erzeugt werden (z.B. Fleischwurst, Streichkäse), davon ausgehen, dass Zusätze wie kohlenhydrathaltige Bindemittel oder Zucker versteckt sind. Von allen Getreide-Produkten gilt es als Low-Carb-Anhänger selbstverständlich ebenfalls die Finger zu lassen.

Light? Aber nicht „low carb"

Was viele Verbraucher und Diät-Bewusste ebenfalls nicht einschätzen können, ist die Tatsache, dass auch sogenannte Light-Produkte echte Carb-Fallen sein können. Unter solchen Light-Produkten versteht man Lebensmittel, die kalorienreduziert sind und so in einen diätischen Speiseplan passen sollen. In vielen Fällen wird durch das Reduzieren von Fett an Kalorien gespart. Auf diese Weise führt man durch das jeweilige Light-Produkt dem Körper zwar wirklich weniger Energie zu, doch ob man deshalb auch einen Beitrag zu einer Low-

Carb-Ernährung leistet, bleibt oft eine andere Frage. Denn Fett dient vor allem auch als Geschmacksträger. Fettreduzierte Produkte schmecken daher in den meisten Fällen langweilig. Natürlich wissen die Lebensmittelhersteller um diese Folgen und haben daher Mittel und Wege gefunden, einen Ausgleich zu schaffen. In vielen Fällen kommen künstliche Aromastoffe, aber vor allem auch Zucker als Geschmacksverstärker zum Einsatz. Auf den Etiketten besagter Light-Produkte wird dann mit ihrem verminderten Fettgehalt geworben, dabei aber nichts von ihrem gesteigertem Zucker- und damit Kohlenhydrat- und Kaloriengehalt erwähnt. Erst ein kritischer Blick auf die Liste der Inhaltsstoffe gibt Auskunft. Prüfen Sie daher lieber genau, ehe Sie ein vermeintliches Light-Produkt kaufen.

Reiner Wein!

Wir schenken Ihnen auch sprichwörtlich reinen Wein zum Thema Alkohol ein. Denn der gute Schluck ist eine Carb-Falle der Extraklasse. Grund hierfür ist nicht nur der Alkoholgehalt als solcher, sondern der Zuckeranteil, der sich in vielen alkoholischen Getränken versteckt. Wein, Bier oder Liköre sind

die Spitzenreiter in Sachen Carb-Gehalt. Aber auch Alkohol mit vergleichsweise wenigen Kohlenhydraten (z.B. Wodka) passt nicht zu einer bewussten Carb-Ernährung. Alkohol bremst sämtliche Stoffwechselprozesse und steht damit einer effizienten Nährstoffaufnahme entgegen.

Machen Kohlenhydrate krank?

Die allgemeine Skepsis gegenüber kohlenhydrathaltiger Ernährung, die sich in den letzten Jahren breitgemacht hat, hat neben dem Figur- auch einen ernsten gesundheitlichen Aspekt. Bestimmte Getreidesorten stehen nämlich in Verruf, für die Häufung typischer Zivilisationskrankheiten (wie z.B. Diabetes) verantwortlich zu sein. Zudem spüren immer mehr Menschen, dass sie auf einen bestimmten Inhaltsstoff mancher Getreidesorten, das sogenannte Gluten, empfindlich reagieren. Gluten ist ein Klebereiweiß, das moderne Getreide (vor allem Weizen) in besonders hoher Menge aufweisen. Es wirkt stark bindend und verbessert so die Verarbeitung vieler Mehlsorten. Menschen, die kein Gluten vertragen, reagieren mit Verdauungsproblemen, Müdigkeit und sogar Bauchschmerzen. Zwar ist die Anzahl der betroffenen Personen gering. Wer sich dennoch nach dem Genuss von Pasta oder Brot unwohl fühlt, der sollte es vielleicht mit einer Low-Carb-Ernährung probieren. Hört das unangenehme Gefühl auf, könnte es an den (weizenhaltigen) Kohlenhydraten gelegen haben.

Low Carb im Alltag

Eine Low-Carb-Ernährung ist nicht unbedingt kompliziert. Doch gerade am Anfang der Umstellung braucht es etwas Aufmerksamkeit. Man muss sehr bewusst aussuchen, welche Lebensmittel noch auf den Speiseplan gehören und welche man lieber meiden sollte. Beim Einkaufen braucht es etwas Übung, um gezielt und routiniert zu den richtigen Lebensmitteln zu greifen. Am besten halten Sie sich an folgende Tipps, um sich ein umfassendes Low-Carb-Know-how beim Einkauf anzueignen:

Listen aufhängen: Schreiben Sie sich Listen mit den Lebensmitteln, die Sie essen können und solchen, die vergleichsweise zu viele Kohlenhydrate enthalten. Hängen Sie diese Liste an einen gut sichtbaren Ort (z. B. an die Kühlschranktür) und werfen Sie regelmäßig einen Blick darauf, um sie zu verinnerlichen. Beim Einkaufen sollten Sie diese Listen übrigens auch mitnehmen, um eine bessere Orientierung zu schaffen, was Sie kaufen dürfen und was nicht.

Do & Don't: Während Getreide in jeglicher Form (ob als Pasta, Pizza, Brot oder Zucker) von der Einkaufsliste verschwindet, sollten vor allem frische Lebensmittel wie Gemüse, Fleisch und Fisch auf den Einkaufszettel wandern. Auch Milchprodukte, Eier oder Nüsse entsprechen einem kohlenhydratarmen Ernährungsplan.

Low-Carb-Fallen erkennen: Bei Produkten, bei denen Sie nicht sicher sind, ob sie zu viele Carbs enthalten, gilt es, auf den Packungshinweisen nachzuforschen. Dabei gelten folgende Faustformeln: Bei Produkten, die einen Verarbeitungsprozess durchlaufen haben, ist in der Regel davon auszugehen, dass sie Kohlenhydrate enthalten.

Sättigung und Süßes: Wie schaffe ich Carb-Ersatz?

Im allgemeinen Sprachgebrauch werden Kohlenhydrate auch als sogenannte Sättigungsbeilagen beschrieben. Pasta und Brot machen eben auch wirklich satt. Viele Low-Carb-Anfänger fürchten daher, ab sofort mit einem leeren Magen vom Tisch aufstehen zu müssen. Doch keine Sorge: Diese Angst ist unberechtigt. Sogar das Gegenteil ist der Fall: Denn mit einer guten und ausgewogenen Low-Carb-Ernährung sind Sie nicht nur länger, sondern vor allem auch in angenehmerer Form gesättigt. Das drückende Völlegefühl, das man typischerweise nach einer Pizza oder einer ausgiebigen Brotzeit hat, bleibt aus. Grund hierfür ist die leichtere Verdaubarkeit einer Low-Carb-Ernährung ebenso wie der konstant gehaltene Insulinspiegel. Auch Heißhunger-Attacken sind Schnee von gestern. Vorausgesetzt, man schafft sich einen Low-Carb-Ernährungsplan, der ausgewogen und sättigend ist. Natürlich sollte Gemüse auf diesem Plan weit oben stehen. Um aber auch eine ausreichende Zufuhr von Fett und Eiweißen zu erlangen, sind Lebensmittel wie Eier, Käse, aber auch Fleisch ein wichtiger Bestandteil dieser Ernährung. Wundern Sie sich auch nicht, wenn Sie nach dem Low-Carb-Plan etwas größere Portionen essen. Vor allem bei Gemüse ist eine größere Menge kein Problem. Im Gegenteil: Gemüse liefert wichtige und sättigende Ballaststoffe, ohne die Kalorienbilanz negativ zu beeinflussen. Ebenfalls sättigend und ein wertvoller Lieferant für pflanzliches Eiweiß sind übrigens Hülsenfrüchte. Kichererbsen, Linsen oder Humus sind vor allem für Vegetarier eine tolle Low-Carb-Idee.

Abwarten: ein Sättigungstipp

Das Gefühl der **Sättigung** ist trügerisch. Es braucht nämlich rund **20 Minuten**, ehe der volle Magen dem Gehirn meldet, dass er ausreichend viel Nahrung aufgenommen hat. Fühlen wir uns daher bereits beim Essen satt, haben wir in der Regel etwas **zu viel verputzt**. Besser ist es, **langsam** zu essen und mit dem Gefühl einer „halben Sättigung“ eine kleine Pause einzulegen. Sie werden erstaunt sein: Nach rund 20 Minuten ist **von Hunger keine Spur** mehr. Sie fühlen sich pappsatt.

Bei einer Low-Carb-Ernährung fällt vielen Naschkatzen der Verzicht auf Süßigkeiten und Zucker schwer. Auch der Konsum von Ersatzstoffen kommt für viele aus gesundheitlichen Erwägungen nicht in Betracht. Doch soll man deshalb nun immer auf sein geliebtes Stück Kuchen verzichten? Oder gar nie mehr Schokolade essen? Das wäre doch schade und ist auch gar nicht notwendig. Mit kleinen Tricks lassen sich nämlich auch süße Sünden in einen kohlenhydratarmen Speiseplan integrieren. Eine gänzlich kohlenhydratfreie Süßspeise wird es zwar wohl nie geben; aber immerhin gibt es eine Auswahl an kohlenhydratreduzierten Alternativen. Vor allem beim Backen lassen sich tolle Ersatzstoffe finden. Statt Mehl können beispielsweise gemahlene Mandeln oder Kokosflocken verwendet werden. Inzwischen gibt es sogar Kuchenrezepte, die mit Apfelmus, geriebenen Zucchini oder sogar Avocados funktionieren. Durch diesen Ersatz spart man bereits den Anteil an Mehl. Der Zuckergehalt kann zwar oft nicht gänzlich ersetzt, aber immerhin reduziert werden. Viele Rezepte sind ohnehin zu süß. Streichen Sie die angegebene Zuckermenge ruhig um die Hälfte.

Schokolade? Aber dunkel!

Echten Naschkatzen fällt der Verzicht auf Schokolade besonders schwer. Wer einfach nicht verzichten kann, schafft sich wenigstens einen Ersatz, der weniger Kohlenhydrate enthält als die klassische Tafel Alpenmilch. Bei Schokolade gilt nämlich: Je höher der Kakaogehalt, desto weniger Zucker und damit Kohlenhydrate enthält sie. Wagen Sie sich also ruhig an die besonders dunklen Sorten mit mehr als 80 Prozent Kakaoanteil.

Low Carb und Sport

Vor allem sportbegeisterte Menschen fürchten, dass sich eine Umstellung auf kohlenhydratarme Ernährung negativ auf ihre Energie und damit auf ihre sportlichen Erfolge auswirkt. Tatsächlich stimmt es nämlich, dass Kohlenhydrate eine wichtige Energiequelle für den Körper sind. Vor allem wer Hochleistungssport betreibt, aber auch wer als Hobbysportler ambitioniert und hart trainiert, sollte auf Nummer sicher gehen und das Gespräch mit einem Sportmediziner suchen. Nicht immer macht ein Verzicht auf Kohlenhydrate Sinn. Vielleicht ist es in Ihrem Fall idealer, wenn Sie den Kohlenhydratanteil Ihrer Ernährung lediglich auf ein gewisses Maß reduzieren.

Wer hingegen nicht auf sportliche Höchstleistungen erpicht ist, sondern lediglich normalen, moderaten Hobbysport betreibt, muss sich bei einer

Low-Carb-Ernährung keine Sorgen machen. Sogar das Gegenteil ist der Fall: Auf Kohlenhydrate zu verzichten hat oft automatisch zur Folge, dass mehr Eiweiße aus Fleisch oder Hülsenfrüchten im Speiseplan enthalten sind. Eiweiße sind leichte und ebenfalls wichtige Nährstoffe für den Muskelaufbau. Bringt man dazu noch ausreichend viele Lebensmittel auf den Speiseplan (z.B. Hülsenfrüchte), die natürliche und am besten pflanzliche Ballaststoffe enthalten, ist die Energiebereitstellung für die Muckis ebenfalls gesichert. Viele Sportler behaupten sogar, dass sich eine Low-Carb-Ernährung mit viel Eiweiß und noch mehr Ballaststoffen aus Gemüse ebenso kraftvoll, aber weniger belastend anfühlt als die bisherige Kohlenhydratversorgung über Pasta und Co.

Effiziente Fettverbrennung

Wer mit regelmäßigem Ausdauertraining nicht nur die Fitness stärken will, sondern vielleicht auch ein paar Pfunde verlieren möchte, sollte überlegen, ob er sein Training nicht in die frühen Morgenstunden verlegt. Bei einem Training, das direkt nach dem Aufstehen und ohne vorherige Mahlzeit ausgeführt wird, kann sich der Körper die notwendige Energie nämlich nicht aus der aufgenommenen Nahrung holen, sondern muss direkt dort zugreifen, wo wir es wollen. Nämlich an den Fettreserven. Doch Vorsicht: Ein Training auf nüchternen Magen bekommt nicht jedem. Wenn der Kreislauf streikt und Ihnen vielleicht sogar schwindelig wird, verzichten Sie lieber auf den Frühsport.

Low Carb für die Kleinsten

Eine Ernährung mit Low Carb wird oft vor allem als Mittel zum Abnehmen propagiert. Insofern glauben viele Eltern, dass eine kohlenhydratarme Ernährung kaum familientauglich ist; schließlich will man den Kleinsten **keine Zwangsdiät** verordnen. Im Gegenteil: Kinder brauchen eine ausgewogene Ernährung und damit einen Speiseplan, der einen ausgewogenen Mix aller Lebensmittel enthält. Doch eine Low-Carb-Ernährung ist deshalb noch lange nicht ausgeschlossen. Entgegen aller Vorurteile, steht der Diät-Aspekt bei diesem Ernährungskonzept nämlich keineswegs zwingend im Vordergrund. Wer mit Low Carb ein paar überflüssige Kilos verliert, darf sich freuen. Eingefleischten Low-Carb-Anhängern geht es aber in erster Linie um eine **leichtere, gesündere und bekömmlichere Art der Ernährung**. Kohlenhydrate liegen vielen Menschen – auch Kindern – oft einfach schwer im Magen. Das typische Tief nach dem Essen, die Müdigkeit am Nachmittag oder die Konzentrationsschwäche im Büro sind typische Beispiele dafür. Schuld an solchen Energie-Einbrüchen sind vor allem die schnellen Kohlenhydrate aus weißem Mehl und Zucker. Gerade bei Kindern, die in Schule und Sport Leistung bringen wollen, kann es daher durchaus Sinn machen, einen genauen Blick auf ihren Speiseplan zu werfen. Es muss dabei **kein gänzlicher Verzicht auf Kohlenhydrate** stattfinden. Oft bekommt es den Kleinen aber gut, wenn man den Carb-Konsum reduziert und vor allem die bisherigen Kohlenhydrate durch gesunde Ballaststoffe aus Gemüse oder Vollkorn ersetzt.

Und was ist mit süßen Naschereien? Kindern fällt es wohl am schwersten, auf Schokolade und Co zu verzichten. Dabei stecken gerade in solchen Produkten ungesunde Kohlenhydrate aus Zucker zuhauf. Auch hier gilt: **Ein kompletter Verzicht muss nicht sein**. Und das übrigens nicht nur bei Kindern. Auch bei Erwachsenen sind gelegentliche Sünden erlaubt. Es geht nicht darum, sich zu kasteien, sondern langfristig eine Ernährungsweise zu entwickeln, die auf eine Energiegewinnung aus wenigen, dafür aber umso gesünderen Kohlenhydraten zielt. Ein Stückchen Schokolade sei jedem, ob Groß oder Klein, gegönnt. Am Ende gilt das Sprichwort aus dem Volksmund: Die Dosis entscheidet über das Gift. Gerade bei Kindern kann man den **Zuckerkonsum mit kleinen Tricks gut reduzieren**. Beispielsweise können Säfte nicht mehr pur, sondern stark verdünnt getrunken werden. Statt Pudding kann man zum Nachtisch Süßspeisen aus Obst (z. B. Obstquark) servieren. Ein guter Trick, um die Zusammensetzung der Lebensmittel zu kontrollieren, ist nach wie vor die eigene Koch- und Backkunst. Wer selbst einen Kuchen backt, kann allein darüber entscheiden, wie viel Zucker er verwendet und ob er statt hellem Weißmehl nicht lieber nachhaltiges Vollkornmehl nimmt.

Die Umstellung: So schaffen Sie Low Carb

Zugegeben, die Umstellung von einer Ernährung in der gewohnheitsmäßig viel Pasta oder Brot gegessen wurde, auf eine Ernährung ohne oder mit nur wenigen Kohlenhydraten fällt nicht leicht. Zum einen ist es ein genussvoller Geschmack, auf den man verzichten muss. In der Psyche muss hierfür erst eine innere Bereitschaft und ein fester Wille entstehen. Ohne den funktioniert es nicht! Zum anderen ist die Low-Carb-Umstellung oft auch von körperlichen Symptomen begleitet. Es kann in den ersten Tagen zu einem Gefühl von Schwäche, Schwindel und sogar Übelkeit kommen. Das ist kein Grund zur Sorge, sondern ein normaler Prozess. Er ist der Tatsache geschuldet, dass der Körper, der seine Energie sonst in Form von Brötchen und Co geliefert bekommen hat, diese nun aus eigenen Reserven und Eiweißen ziehen muss. Diese Umstellung muss er – vereinfacht gesagt – erst lernen. Für die neue Form der Energiegewinnung ist dabei die Bildung eines speziellen Enzyms notwendig. Dieses Enzym ist eine Art Schlüssel zu den körpereigenen Energiereserven. Bis es vom Körper produziert wird, vergehen aber oft einige Tage. Um diese Tage gut zu überstehen, arbeiten Sie am besten mit folgenden Tricks:

UMSTELLUNG AM WOCHENENDE STARTEN: Im Alltag und im Job können wir uns oft keine Müdigkeit leisten. Verlegen Sie die Umstellung auf eine Low-Carb-Ernährung daher am besten auf ein Wochenende. Gönnen Sie sich zwei bis drei ruhige Tage ohne Verabredungen. Schnappen Sie sich ein gutes Buch und stellen Sie sich darauf ein, das Wochenende entspannt auf dem Sofa zu verbringen. Vielleicht gönnen Sie sich auch eine Massage oder eine Kosmetikbehandlung. Tun Sie sich einfach etwas Gutes, ohne sich dabei körperlich zu sehr anstrengen zu müssen.

HEISSHUNGER VORBEUGEN: Zu Beginn der Umstellung wird der Körper seine täglichen Carb-Rationen schmerzlich vermissen und regelrecht empört danach verlangen. Heißhunger und Gelüste nach bestimmten Carb-Speisen sind daher in den ersten Tagen keine Seltenheit. Gemein sind sie trotzdem. Überstehen Sie solche Fallen mit kleinen Tricks. Den Heißhunger können Sie beispielsweise mit einer warmen Brühe bremsen. Die Flüssigkeit füllt den Magen und vermittelt ein Gefühl der Sättigung. Auch kleine Apfelscheiben können den Heißhunger bremsen. Auch das Schnuppern von süßen Aromen wie beispielsweise Vanille soll solche Gelüste bremsen können. Vielleicht zünden Sie ein paar Duftkerzen an oder träufeln ein paar Tropfen Vanilleöl auf ein Taschentuch, an dem Sie bei Heißhunger schnuppern können.

KONSEQUENT BLEIBEN: Der Körper arbeitet anfangs mit allen Tricks, um sich sprichwörtlich seine Brötchen zu verdienen. Ja, es kann anfangs hart sein, von den Carbs wegzukommen. Doch bleiben Sie stark. Gerade in den ersten Tagen ist es wichtig, gänzlich auf Kohlenhydrate zu verzichten. Wer dem Carb-Verlangen nachgibt, zögert die Umstellung der Stoffwechselprozesse nur unnötig hinaus und tut sich damit unterm Strich selbst keinen Gefallen. Bleiben Sie daher konsequent!

Fett statt Carb – Was ist erlaubt?

Viele Ernährungslehren verteufeln Fette. In der Low-Carb-Ernährung ist das jedoch nicht der Fall. Fett ist nämlich nicht gleich Fett. Zwar versteht man unter dem Oberbegriff Fett zunächst eine Verbindung zwischen einem Glycerinmolekül und drei verschiedenen Fettsäuren, je nach Struktur und unterschiedlicher Zusammensetzung dieser Fettsäuren unterscheiden sich die einzelnen Fette jedoch enorm voneinander. Zu differenzieren gilt es hierbei zwischen gesättigten und (mehrfach) ungesättigten Fettsäuren.

Die Fettsäuren sind jener Bestandteil eines Fettes, welcher fähig ist, mit dem menschlichen Organismus in Interaktion und Verbindung zu treten. Das Glycerinmolekül dient hingegen lediglich als Transportmittel. Sogenannte gesättigte Fettsäuren gelten dabei als besonders reaktionsträge Moleküle. Sie gehen kaum Verbindungen mit anderen menschlichen Vitalstoffen ein, sondern wandern unverändert in den Magen und von dort aus relativ schnell in die Fettdepots des Körpers. Hier können diese gesättigten Fettsäuren in einem fast unerschöpflichen Maß als Energiereserve gespeichert werden. Den Effekt kennt jeder: Die Fettdepots sind irgendwann prall gefüllt und blitzen unschön an Hüfte und Hosenbund hervor. Gesättigte Fettsäuren sind also die Bösewichte, die den Ruf der übrigen Fettsäuren zunichtemachen. Gesättigte Fettsäuren sind Dickmacher. Jedenfalls dann, wenn man sie dem Körper im Übermaß zuführt und nicht durch einen erhöhten Energieverbrauch verbrennt. Denn Obacht: Auch hier urteilt der Volksmund zu vorschnell. Gesättigte Fettsäuren machen nicht per se dick, sondern nur dann, wenn man dem Körper mehr zuführt, als er braucht. Gesättigte Fettsäuren haben durchaus auch ihren Nutzen. Sie dienen als wichtiger Baustein der Zellwände. Besteht jedoch ein Überschuss, verdicken sich auch die Zellwände. Langfristig können hieraus Herz-Kreislauf-Probleme entstehen.

Neben gesättigten Fettsäuren gibt es die Gruppe der ungesättigten Fettsäuren. Diese Moleküle sind wesentlich stoffwechselaktiver als ihre gesättigten Kollegen. Sie verschmelzen leicht mit anderen Körpersubstanzen und produzieren auf diese Weise neue, teilweise heilende oder sogar lebenswichtige Stoffwechselprodukte. Derart aktive Fettsäureverbindungen produzieren beispielsweise Glückshormone, aktivieren Immunstoffe, senken den Cholesterinspiegel oder dienen dem Abbau von Schlackenstoffen und anderem Zellmüll. Am Grad ihrer Reaktionsfähigkeit und -freudigkeit unterscheidet man innerhalb dieser Gruppe zwischen einfach und mehrfach ungesättigten Fettsäuren. Grundsätzlich gilt hierbei: Je ungesättigter eine Fettsäure ist, desto reaktionsfähiger ist sie.

Fett ist also nicht gleich Fett

Viele Menschen neigen sogar dazu, Fette mit Ölen über einen Kamm zu scheren und wissen gar nicht, dass sie beiden Essenzen damit unrecht tun. Zwar sind Öle im Kern auch Fette, sie enthalten jedoch über ihren Fettsäureanteil hinaus weitere wichtige Essenzen, die sogenannten Fettbegleitstoffe. Dazu zählen Vitamine, sekundäre Pflanzenstoffe wie Flavonoide sowie Polyphenole und Phytosterole, also pflanzliche Hormone. Jeder dieser Stoffe ist für den menschlichen Stoffwechselprozess nützlich. Teilweise wirken sie entzündungshemmend, schützen die Gefäße oder dienen als Abwehrmittel gegen zellschädigende Moleküle wie freie Radikale. Ein hochwertiges Öl ist also mehr als „nur" ein Fett; es ist eine Art Fett mit Zusatznutzen. Interessant ist überdies, dass man ein Fett erst dann als Öl bezeichnet, wenn es bei Zimmertemperatur flüssig ist. Feste Öle gibt es nicht. Ob ein Fett flüssig oder fest ist, hängt wiederum von seiner Zusammensetzung und dem Anteil seiner gesättigten Fettsäuren ab. Letztere lassen ein Fett nämlich fest werden. Je höher also der Anteil ungesättigter Fettsäuren ist, desto flüssiger bzw. öliger – und damit gesünder – ist ein Fett. So sind Butter, Schmalz oder die Fette tierischer Erzeugnisse recht feste, also hochgradig gesättigte und damit nur in geringem Maße gesunde Fette. Pflanzliche Öle bestehen aus gesunden, ungesättigten

Top-Öle im Überblick

Olivenöl: Es ist der Klassiker unter den Ölen. Es unterstützt das Herz-Kreislauf-System sowie die Schilddrüsenfunktion, drosselt den Cholesterinspiegel und kann sogar rheumatische Erkrankungen lindern.

Arganöl: Dieses Öl wird „flüssiges Gold" genannt. Es wird aus den Samen des Baumes Argania spinosa gewonnen, den man auch als „Baum des Lebens" bezeichnet. Es soll das Herzinfarktrisiko senken können und sogar positiv bei Krebspatienten wirken.

Kürbiskernöl: Es hat einen besonders delikaten Geschmack und ist aufgrund seines hohen Anteils besonderer Fettbegleitstoffe lange haltbar. Kürbiskernöl hat den Ruf, positiv auf Blasen- und Prostatabeschwerden zu wirken.

Walnussöl: Dieses Öl nennt man auch „flüssiges Studentenfutter". Ihm wird nämlich nachgesagt, die körperliche und geistige Leistungsfähigkeit zu steigern.

Fetten und ergänzenden Begleitstoffen. Somit stellen sie lebenswichtige Substanzen dar, die (in Maßen verzehrt!) nicht dick, sondern gesund machen. Eine gute Low-Carb-Ernährung achtet daher also darauf, woher das Fett stammt, das man zu sich nimmt. Pflanzenöle sind hierbei die besten Lieferanten.

Eiweiß: Power in Reinform

Eiweiß ist ein Kraftstoff der Superlative. Er wird vom Körper zum Aufbau der Muskeln, aber auch für Regenerationsprozesse und vor allem auch für die Aktivität des Gehirns gebraucht. In einer kohlenhydratarmen Ernährung spielt Eiweiß daher eine besonders große Rolle. Jedoch gilt es, ähnlich wie bei den Fetten, zu unterscheiden: Eiweiß ist nicht gleich Eiweiß. Wer sich gesund und ausgewogen ernähren möchte, legt Wert darauf, welche Art von Eiweiß er zu sich nimmt. Als typische Quelle für diesen wertvollen Powerstoff wird oft Fleisch angeführt. Das ist insoweit richtig, als dass Fleisch einen hohen Eiweißanteil besitzt. Wenn auch längst nicht den höchsten; einige Hülsenfrüchte können Fleisch in Sachen Eiweißanteil sogar toppen. Dennoch ist Fleisch ein gutes Nahrungsmittel in der Low-Carb-Ernährung. Vorausgesetzt, man ernährt sich nicht zu einseitig von Fleisch und achtet darauf, welches Fleisch man isst. Vor allem in roten Fleischsorten (z.B. Rind und Schwein) stecken nämlich neben wertvollen Eiweißen auch andere Bestandteile wie beispielsweise tierische Fette, die vom Körper nur bedingt gut vertragen werden. Bei weißem Fleisch (z.B. Huhn) oder Fisch ist der Fettanteil bei gleichem Eiweißanteil hingegen geringer. Auch pflanzliche Eiweißlieferanten wie Hülsenfrüchte oder Soja sind gute und gesunde Alternativen zu Fleisch und damit wichtige Bestandteile einer ausgewogenen Low-Carb-Ernährung. Denn bei der geht es unterm Strich nicht um strenge Regeln oder Einseitigkeit, sondern ganz im Gegenteil um einen ausgewogenen Genuss, bei dem nichts per se verboten ist. Allein die Dosierung und die Auswahl der Zutaten macht das Geheimnis aus. So einfach ist Low Carb!

[Frühstück

Der gelungene Start

Schinken-Käse-Muffin
mit Kräutern

Für 1 Stück | Zubereitung: ca. 10 Min.

Zutaten

1 Sturzglas à 400 ml (mikrowellengeeignet)
1 EL Öl
1 Ei
50 g Kräuterquark
30 g gemahlene Mandeln
2 TL Parmesan
1/2 gestrichener TL Backpulver
Salz
frisch gemahlener Pfeffer
1 TL gemischte Kräuter
40 g gekochter Schinken
20 g geriebener Käse (z. B. Emmentaler)

So gelingt ein guter Start in den Tag! Schinken, Käse und Eier sind klassische Zutaten für ein leckeres Low-Carb-Frühstück.

So wird's gemacht

1. Glas mit Öl auspinseln. Ei darin aufschlagen. Kräuterquark, Mandeln, Parmesan und Backpulver in das Glas geben und mit einem Löffel gut verrühren. Mit Salz, Pfeffer und Kräutern würzen.

2. Schinken in feine Würfel schneiden und mit dem geriebenen Käse zur Ei-Quark-Masse geben. Alles gründlich verrühren.

3. Glas in die Mikrowelle stellen und ca. 3 Minuten bei 600 Watt erhitzen. Kurz abkühlen lassen.

4. Rand mit einem Messer lösen und den Muffin auf einen Teller stürzen. Sofort genießen.

[Tipp] Falls sich der Muffin schwer löst, einfach das Glas leicht schütteln. Wer möchte, kann das Glas stattdessen auch mit einem Papierbackförmchen auslegen.

Low-Carb-Brot

mit Kürbiskernen

Für 1 Brot | Zubereitung: ca. 1 Std. 10 Min.

Auch bei Low-Carb-Ernährung müssen Sie auf Brot nicht verzichten! Dieses Brot hat nicht nur weniger als 2 Gramm Kohlenhydrate pro Scheibe, sondern liefert wertvolle Proteine, gesunde Fette und Vitamine.

Zutaten

4 Eier
150 g Magerquark
50 g geschroteter Leinsamen
50 g Mandelmehl
1 TL Salz
20 g Hanfsamen
40 g Walnüsse
20 g Kürbiskerne
20 g Sonnenblumenkerne
20 g Sesam

So wird's gemacht

1. Backofen auf 180°C (Umluft: 160 °C) vorheizen. Eier, Quark, Leinsamen, Mandelmehl und Salz in eine Schüssel geben und gut verrühren. Hanfsamen zugeben.

2. Walnüsse grob zerkleinern und unter die Teigmasse rühren. Kleine Kastenform mit Backpapier auslegen und Teig einfüllen. Kürbiskerne, Sonnenblumenkerne und Sesam darüberstreuen.

3. Im vorgeheizten Backofen ca. 60 Minuten backen. Brot kurz in der Kastenform abkühlen lassen. Aus der Form nehmen und auf einem Backgitter komplett abkühlen lassen.

Oopsies,
der perfekte Brotersatz

Für 2 Port. | Zubereitung: ca. 45 Min.

Zutaten

2 Eier
50 g Frischkäse
1 Msp. Backpulver
Salz
frisch gemahlener Pfeffer
1 TL Kräuter nach Belieben

Oopsies schmecken lecker zum Frühstück, stillen den kleinen Hunger zwischendurch und sind auch in der süßen Variante mit Zimt einfach unwiderstehlich.

So wird's gemacht

1. Backofen auf 160 °C (Umluft: 140 °C) vorheizen. Eier trennen. Eigelbe mit Frischkäse verrühren. Backpulver zufügen, mit Salz, Pfeffer und Kräutern würzen und nochmals verrühren.

2. Eiweiße mit einer Prise Salz sehr steif schlagen und vorsichtig unter die Masse heben.

3. Backblech mit Backpapier belegen und die Eimasse als kleine Kleckse daraufsetzen (genügend Abstand lassen). Im vorgeheizten Backofen 20–25 Minuten backen. Etwas auskühlen lassen und nach Geschmack mit Salami, Schinken oder Käse belegen.

[Tipp] Oopsies eignen sich auch prima als Ersatz für Burgerbrötchen oder Sandwiches. Probieren Sie doch einmal ein Sandwich mit grünem Pesto, Gurkenscheiben, Basilikum, rotem Pesto, Cherry-Tomaten und gewürfeltem Schafskäse!

Cream-Cheese-Low-Carb-Pancakes

Für 1 Port. | Zubereitung: ca. 25 Min.

Wenig Arbeit, viel Genuss! Im amerikanischen Original wird Mehl verwendet – als Low-Carb-Variante kommt Frischkäse zum Einsatz.

So wird's gemacht

1. Eier, Frischkäse, Stevia und Zimt in eine Schüssel geben und mit dem Handrührgerät zu einer glatten Masse vermengen. Teig kurz ruhen lassen.

2. Butter in einer Pfanne erhitzen. 1 Esslöffel Teig in die Pfanne geben und mit der Löffelseite leicht ausstreichen. Pancakes auf beiden Seiten goldbraun backen. Mit dem restlichen Teig ebenso verfahren. Fertige Pancakes im Backofen warmhalten und mit etwas Butter servieren.

[Tipp] Wer möchte, kann die Cream-Cheese-Low-Carb-Pancakes mit verschiedenen Obstsorten ergänzen. Am besten schmecken sie mit Erdbeeren, Heidelbeeren und Himbeeren oder auch in Kombination mit Quark oder Joghurt.

Zutaten

2 Eier
60 g Frischkäse
1 EL Stevia
1/2 TL Zimt
Butter

Morgen-Rührei
mit Tomaten und Schinken

Für 2 Port. | Zubereitung: ca. 10 Min.

Zutaten

4 Eier
3 EL Mineralwasser
3 EL Sahne
Salz
frisch gemahlener Pfeffer
2 Tomaten
4 Scheiben gekochter Schinken
4 Stängel glatte Petersilie
1 TL Butter

Cremiges Rührei, verfeinert mit fruchtiger Tomate und leckerem Schinken. So starten Sie gut gelaunt in einen neuen Low-Carb-Tag!

So wird's gemacht

1. Eier, Mineralwasser und Sahne verschlagen. Mit Salz und Pfeffer würzen. Tomaten waschen, halbieren, vom Stielansatz befreien und würfeln. Schinken würfeln. Petersilie waschen, trocken schütteln und Blätter fein hacken.

2. Butter in einer Pfanne schmelzen lassen. Eimasse hineingeben und bei mittlerer Hitze stocken lassen. Mit einem Pfannenwender gestocktes Ei vom Boden lösen und gut verrühren. Das Ei sollte feucht und cremig sein.

3. Tomaten- und Schinkenwürfel zufügen und kurz erwärmen. Mit Salz und Pfeffer abschmecken und mit Petersilie bestreut servieren.

Eier-Speck-Pfanne

mit frischen Pilzen

Für 2 Port. | Zubereitung: ca. 10 Min.

Zutaten

100 g Bacon
200 g Champignons
200 g Cherry-Tomaten
1 TL Butter
4 Eier
Salz
frisch gemahlener Pfeffer

Herzhaft, lecker, sättigend! Einfach zuzubereiten und ein super Energielieferant. So kurbeln Sie die Fettverbrennung schon morgens richtig an.

So wird's gemacht

1. Bacon in Streifen schneiden. Champignons waschen, putzen und vierteln. Tomaten waschen, halbieren und vom Stielansatz befreien.

2. Bacon in eine beschichtete Pfanne geben und knusprig braten. Bacon herausnehmen und auf Küchenkrepp abtropfen lassen. Pilze und Tomaten in die Pfanne geben und so lange braten, bis die Pilze hellbraun sind. Bacon, Pilze und Tomaten auf einen angewärmten Teller geben.

3. Butter in einer Pfanne schmelzen, Eier aufschlagen und Spiegeleier braten. Mit Salz und Pfeffer würzen. Eier mit Bacon, Pilzen und Tomaten servieren.

Räucherlachs-Omelett

mit aromatischem Basilikum

Für 4 Port. | Zubereitung: ca. 30 Min.

Das gibt Sofort-Power für den Tag! Räucherlachs ist nicht nur schmackhaft, sondern auch gesund. Neben Vitaminen, Mineralstoffen und leicht verdaulichem Eiweiß enthält er wertvolle Omega-3-Fettsäuren.

So wird's gemacht

1. Frühlingszwiebeln putzen, waschen und in dünne Röllchen schneiden. Eier trennen. Eiweiße mit einer Prise Salz steif schlagen. Eigelbe mit 4 Esslöffeln Crème fraîche, Senf und Zitronensaft verschlagen. Mit Salz und Pfeffer würzen. Eischnee unterheben. Basilikum waschen, trocken schütteln, Blättchen abzupfen und hacken. Basilikum beiseitestellen.

2. 1 Esslöffel Butter in einer Pfanne schmelzen. 1/4 der Frühlingszwiebeln zugeben und kurz andünsten. 1/4 der Omelett-Masse zugeben und 6–8 Minuten garen, bis die Oberfläche zu stocken beginnt und die Unterseite goldgelb ist. Mithilfe eines Pfannenwenders wenden und das Omelett weitere ca. 2 Minuten garen. Pfanne von der Herdplatte nehmen. Omelett warmhalten. Restliche Omeletts ebenso garen.

3. Omeletts mit je einem Esslöffel Crème fraîche bestreichen und mit einer Scheibe Räucherlachs belegen. Mit Basilikum bestreuen und mit Salz und Pfeffer würzen. Omeletts mit Basilikum garniert auf Tellern servieren.

Zutaten

2 Frühlingszwiebeln
6 Eier
Salz
8 EL Crème fraîche
3 TL Senf
2 TL Zitronensaft
frisch gemahlener Pfeffer
4 Stängel Basilikum
3 EL Butter
4 Scheiben Räucherlachs

Hüttenkäse

mit verschiedenen Beeren

Für 2 Port. | Zubereitung: ca. 5 Min.

Schnell zubereitet, lecker & gesund! Hüttenkäse ist eiweißreich und fettarm; die Beeren liefern Vitamine und Mineralien.

So wird's gemacht

1. Frische Beeren verlesen, waschen und trocken tupfen. Tiefgekühlte Beeren auftauen und gut abtropfen lassen.

2. Minze waschen, trocken schütteln, Blätter abzupfen und fein schneiden.

3. Hüttenkäse mit Zitronensaft vermischen und nach Geschmack mit Süßstoff süßen.

4. Hüttenkäse in zwei Schälchen füllen, jeweils die Hälfte der Beerenmischung darauf verteilen und mit Minze bestreut servieren.

Zutaten

300 g Beeren-Mischung (frisch oder TK-Produkt)
6 Blätter Minze
300 g Hüttenkäse
1 EL Zitronensaft
flüssiger Süßstoff nach Belieben

Protein-Smoothie-Bowl

Für 1 Port. | Zubereitung: ca. 5 Min.

Zutaten

150 g gemischte Früchte (z. B. Erdbeeren, Heidelbeeren, Kumquats)
30 g Proteinpulver
2 EL Milch
2 EL Magerquark
8 Eiswürfel
etwas Sesam

Der Smoothie zum Löffeln ist eine tolle Frühstücksidee und sorgt für einen kraftvollen Start in den Tag. Serviert wird er in einer Schale mit verschiedenen Toppings.

So wird's gemacht

1. Früchte waschen, putzen und trocken tupfen. In mundgerechte Stücke schneiden.

2. Proteinpulver mit Milch und Magerquark in einen Mixer geben und zu einer glatten Masse mixen. Eiswürfel zugeben und nochmals kräftig mixen, bis der Smoothie schön cremig ist.

3. Protein-Smoothie in eine Schale füllen und mit den Früchten garnieren. Mit Sesam bestreuen und genießen.

Schoko-Latte-Macchiato

Für 1 Port. | Zubereitung: ca. 5 Min.

So wird's gemacht

1. Milch in einem Topf erhitzen. Proteinpulver zugeben und gut verrühren. Kakao zufügen und alles gründlich vermischen.

2. Espresso zugeben und mit aufgeschäumter Milch und etwas Kakaopulver garniert servieren.

[Tipp] Statt klassischem Kaffee am Morgen sollten Sie diesen süßen Espressotraum unbedingt einmal probieren.

Zutaten

250 ml Sojamilch
30 g Proteinpulver Schokogeschmack
1 TL Kakao
1–2 Tassen Espresso

Beeren-Kokos-Shake

Für 1 Port. | Zubereitung: ca. 5 Min.

So wird's gemacht

1. Beeren etwas auftauen lassen und einige Beeren für die Dekoration beiseitelegen. Restliche Beeren in einen Mixer geben. Griechischen Joghurt, Vollmilch und Kokosmilch zufügen und alles gründlich mixen.

2. Mandeln und Walnüsse grob zerkleinern. Shake in ein Glas füllen und mit Beeren, Mandeln und Walnüssen toppen. Mit Kokosflocken bestreuen und genießen.

Zutaten

50 g gemischte Beeren (TK-Produkt)
200 g griechischer Joghurt
100 ml Vollmilch
100 ml Kokosmilch
Mandeln
Walnüsse
Kokosflocken

[Snacks

und kleine Gerichte

Klassisches Carpaccio
mit Rauke und Parmesan

Für 4 Port. | Zubereitung: ca. 15 Min.

Zutaten

200 g Rinderfilet
4 Handvoll Rauke
2 EL Olivenöl
Salz
frisch gemahlener Pfeffer
4 EL geriebener Parmesan
Zitronenspalten

Für diese beliebte italienische Vorspeise brauchen Sie hauchdünn geschnittene rohe Rindfleischscheiben. Verwenden Sie nur absolut frisches und gut abgehangenes Rinderfilet. Als Garnitur eignen sich zusätzlich geröstete Pinienkerne.

So wird's gemacht

1. Filet von Fett und Sehnen befreien. Mit einem scharfen Messer in sehr feine Scheiben schneiden. Scheiben zwischen zwei Lagen Frischhaltefolie legen und vorsichtig plattieren. Rauke waschen und trocken schütteln.

2. Teller mit etwas Öl bestreichen. Rindfleischscheiben so auf den Tellern anordnen, dass sie leicht überlappen. Mit wenig Öl beträufeln und mit Salz und Pfeffer würzen.

3. Rauke darauf verteilen und mit geriebenem Parmesan bestreuen. Mit Zitronenspalten servieren.

tescoma

Chicken Nuggets

Für 3 Port. | Zubereitung: ca. 40 Min.

Zutaten

3 Hühnerbrüste (à 180 g)
frisch gemahlener Pfeffer
400 ml Sojasoße
100 g Mandelmehl
50 g Sesam
1 Ei
1 EL Senf
1 EL Essig
200 ml Öl
1/2 TL Salz

So wird's gemacht

1. Hühnerbrüste waschen und trocken tupfen. In mundgerechte Stücke schneiden. Mit Pfeffer würzen. Sojasoße in einen tiefen Teller gießen. Mandelmehl und Sesam in einen zweiten tiefen Teller geben und vermischen. Backofen auf 200 °C (Umluft: 180 °C) vorheizen.

2. Hühnerbrüste nacheinander in die Sojasoße tauchen und mit der Mandelmehl-Sesam-Mischung panieren. Backblech mit Backpapier auslegen. Hühnerbrüste auf das Backpapier legen und im vorgeheizten Backofen 20–25 Minuten goldbraun backen.

3. Ei und Senf in eine Schüssel geben und mit dem Schneebesen kräftig aufschlagen. Nach und nach Öl zugeben und dabei weiter gut verrühren. Mit Essig und Salz abschmecken und Mayonnaise zu den Chicken Nuggets servieren.

Currywurst mit Ketchup

Für 4 Port. | Zubereitung: ca. 25 Min.

So wird's gemacht

1. Tomaten, Apfelmus, Essig, Xylit und Gewürze in einen Topf geben und umrühren. Auf kleiner Flamme ca. 15 Minuten köcheln lassen. Ab und zu umrühren.

2. Öl in eine Pfanne geben und erhitzen. Bratwürste vorsichtig in das heiße Fett geben und von allen Seiten goldbraun anbraten. Sie dürfen ruhig etwas aufplatzen.

3. Jede Wurst in 7–8 Stücke schneiden und auf Tellern anrichten. Mit Soße übergießen und nach Geschmack noch mit etwas Currypulver bestreuen.

Zutaten

500 g passierte Tomaten
2 EL zuckerfreies Apfelmus
2 EL Kräuteressig
1 EL Xylit
1 EL Curry
1 EL Gemüsebrühepulver
1 TL Rauchsalz
1 TL geräuchertes Paprikapulver
Öl
4 Bratwürste

Garnelen

auf Avocadocreme

Für 6 Port. | Zubereitung: ca. 1 Std. 25 Min.

Eiweißreiche Garnelen und gesunde Avocado ergeben eine leckere Kombination mit viel Geschmack.

So wird's gemacht

1. Garnelen unter fließendem Wasser abspülen. 2 Esslöffel Limettensaft mit 1 Liter Salzwasser zum Kochen bringen. Garnelen darin aufkochen lassen und herausnehmen. In eiskaltem Wasser abschrecken und mit Küchenkrepp gut trocken tupfen. Die Garnelen im restlichen Limettensaft im Kühlschrank ca. 1 Stunde marinieren.

2. Chilischote waschen, halbieren, die Kerne herausschneiden und fein hacken. Koriander waschen, trocken schütteln und Blätter von den Stielen zupfen. Koriander fein hacken. Knoblauchzehe schälen und fein hacken.

3. Chilischote, Koriander, Knoblauch und Garnelen mit Öl in eine Pfanne geben und kurz anbraten. Mit Salz und Pfeffer würzen.

4. Avocado halbieren und entkernen. Fruchtfleisch mit einem Löffel entnehmen und zusammen mit Joghurt und Rotweinessig mit dem Stabmixer pürieren. Mit Salz und Pfeffer abschmecken. Avocadocreme in 6 Gläser füllen und die Garnelen darauf verteilen. Mit Dill garniert servieren.

Zutaten

375 g küchenfertige Garnelen
Saft von 1 großen Limette
Salz
1 Chilischote
1/2 Bund Koriander
1 Knoblauchzehe
1 EL Olivenöl
frisch gemahlener Pfeffer
1 Avocado (à 200 g)
4 EL Joghurt
1 EL Rotweinessig
Dillfähnchen für die Garnitur

Huevos Rancheros

mit Paprika-Chili-Salsa

Für 2 Port. | Zubereitung: ca. 30 Min.

Zutaten

1 Zwiebel
2 Knoblauchzehen
1 Paprikaschote
2 Tomaten
1 grüne Chilischote
1 EL Kokosöl
1 TL Salz
1/4 TL frisch gemahlener Pfeffer
1/2 TL Cayennepfeffer
100 ml Gemüsebrühe
1 TL Butter
4 Eier
1/2 Bund Koriander

Eine deftig-sättigende kleine Mahlzeit, die sowohl zum Frühstück als auch zu jeder anderen Tageszeit passt. Huevos Rancheros ist übrigens nicht nur in Mexiko äußerst beliebt, sondern auch im Südwesten der USA.

So wird's gemacht

1. Zwiebel und Knoblauch schälen und fein hacken. Gemüse putzen und waschen. Paprika in Streifen schneiden. Tomaten halbieren, vom Stielansatz befreien und würfeln. Chilischote halbieren, ohne Kerne in feine Ringe schneiden.

2. Öl in einer großen Pfanne erhitzen. Zwiebel, Knoblauch und Paprika zugeben und ca. 4 Minuten unter Rühren anbraten. Tomatenwürfel und Chili zugeben. Mit Salz, Pfeffer und Cayennepfeffer abschmecken und weitere ca. 2 Minuten braten. Gemüsebrühe aufgießen und alles kurz aufkochen lassen. Hitze reduzieren und ca. 10 Minuten zu einer dickflüssigen Salsa einkochen lassen.

3. In einer zweiten Pfanne Butter schmelzen. Eier aufschlagen und Spiegeleier braten. Mit Salz und Pfeffer würzen. Koriander waschen, trocken schütteln und Blätter von den Stielen zupfen. Koriander grob hacken. Salsa auf 2 Tellern anrichten. Spiegeleier darauflegen und Huevos Rancheros mit Koriander bestreut servieren.

Gefüllte Tomaten

Für 4 Port. | Zubereitung: ca. 25 Min.

Zutaten

4 Tomaten
1 Stängel Rosmarin
1 Handvoll Thymian
1 Handvoll Schnittlauch
1 unbehandelte Zitrone
1 Knoblauchzehe
Salz
frisch gemahlener Pfeffer
1 Msp. Cayennepfeffer
etwas Fett für die Form
4 TL Olivenöl
4 Eier
nach Belieben 4 TL geriebener Käse

So wird's gemacht

1. Backofen auf 200 °C (Umluft 180 °C) vorheizen. Tomaten waschen, vom Stielansatz befreien, das obere Drittel abschneiden und das Innere mithilfe eines Löffels herauskratzen. Tomaten umdrehen und auf einem Teller beiseitestellen.

2. Rosmarin und Thymian waschen, trocken schütteln, Blättchen und Nadeln von den Stielen zupfen und fein hacken. Schnittlauch putzen, waschen, trocken schütteln und in feine Röllchen schneiden. Zitrone mit heißem Wasser abwaschen und Schale abreiben. Knoblauch schälen, fein hacken und mit der Zitronenschale und den Kräutern vermischen. Mit Salz, Pfeffer und Cayennepfeffer abschmecken.

3. Eine kleine Auflaufform einfetten. Tomaten innen salzen und pfeffern, mit je 1 Teelöffel Öl beträufeln und etwas von der Kräuter-Gewürz-Mischung hineingeben. Pro Tomate je 1 Ei aufschlagen und hineingeben. Nach Belieben mit jeweils 1 Teelöffel geriebenem Käse bestreuen. Tomaten in die Form setzen und 10–15 Minuten im vorgeheizten Backofen backen. Abkühlen lassen und kalt stellen.

Hüttenkäse

Für 1 Port. | Zubereitung: ca. 5 Min.

So wird's gemacht

1. Meerrettich reiben. Schalotte schälen und fein würfeln. Chilischote waschen, halbieren, von den Kernen befreien und fein hacken. Hüttenkäse mit 2 Esslöffeln Mineralwasser cremig rühren und mit Dill, Meerrettich, Schalotte und Chili vermengen.

2. Hüttenkäse mit Salz, Pfeffer und Cayennepfeffer abschmecken. Mit Petersilie bestreut servieren. Wer es noch schärfer mag, kann nach Belieben über den Hüttenkäse Chiliflocken streuen.

Zutaten

2 g Meerrettich
1/2 kleine Schalotte
1/2 rote Chilischote
100 g Hüttenkäse
2 EL Mineralwasser
1 EL gehackter Dill
Salz
frisch gemahlener Pfeffer
1 Prise Cayennepfeffer
1 EL gehackte Petersilie
evtl. 1 TL Chiliflocken

Ziegenkäse-Soufflé,
kräftig und doch fein

Für 4 Port. | Zubereitung: ca. 1 Std. 15 Min.

Dieses Soufflé mit feinem Ziegenkäse frisch aus dem Ofen schmeckt himmlisch luftig und würzig.

So wird's gemacht

1. Ziegenkäse zerbröseln und beiseitestellen. Eier trennen. 4 Förmchen mit Butter ausstreichen. Petersilie waschen, trocken schütteln und fein hacken.

2. Butter in einem Topf schmelzen, Mehl unter Rühren zugeben und 2 Minuten anschwitzen. Milch zufügen und zum Kochen bringen. Hitze verringern und ca. 3 Minuten unter Rühren köcheln lassen. Milch vom Herd nehmen. Backofen auf 200 °C (Umluft: 180 °C) vorheizen.

3. Eigelbe, Senf, Petersilie und 2/3 der Ziegenkäsebrösel untermischen. Mit Salz und Pfeffer würzen. Eiweiße mit 1 Prise Salz mittelfest schlagen. 1/4 des Eischnees zur Eigelbmasse geben und kräftig untermischen. Restliche Käsebrösel und restlichen Eischnee unterheben.

4. Gefettete Förmchen in eine Auflaufform stellen. Auflaufform bis zur Hälfte mit heißem Wasser füllen. Soufflé-Masse in die Förmchen füllen und im vorgeheizten Backofen ca. 20 Minuten goldbraun backen. Förmchen aus dem Wasserbad heben und ca. 20 Minuten abkühlen lassen.

Zutaten

125 g Ziegenkäse (Hartkäse)
2 Eier
30 g Butter und etwas Butter für die Förmchen
1/2 Bund glatte Petersilie
20 g Mehl
150 ml Milch
1 TL mittelscharfer Senf
Salz
frisch gemahlener Pfeffer

Portobello-Pilze

mit aromatischer Spinatfüllung

Für 4 Port. | Zubereitung: ca. 35 Min.

Zutaten

4 Portobellos (à ca. 110 g)
275 g Blattspinat
2 Knoblauchzehen
2 Stängel Petersilie
100 g Mozzarella
3 EL Öl
Salz
frisch gemahlener Pfeffer
50 ml Marsala

Portobello-Pilze sind braune, große Champignons, die auch unter dem Namen Zucht-Champignons bekannt sind.

So wird's gemacht

1. Portobellos mit einer weichen Bürste säubern und Stiele herausbrechen. Spinat putzen, waschen und trocken schütteln. Knoblauch schälen und hacken. Petersilie waschen, trocken schütteln und fein hacken. Mozzarella abtropfen lassen und in kleine Würfel schneiden.

2. 2 Esslöffel Öl in einer Pfanne erhitzen. Pilze darin von jeder Seite 2–3 Minuten anbraten. Mit Salz und Pfeffer würzen und aus der Pfanne nehmen. Mit der offenen Seite nach oben in eine Auflaufform legen.

3. Backofen auf 200 °C (Umluft: 180 °C) vorheizen. Restliches Öl in die Pfanne geben. Knoblauch zugeben und kurz anrösten. Spinat zufügen und ca. 1 Minute erhitzen, bis er zusammenfällt. Marsala einrühren und einkochen lassen. Mit Salz und Pfeffer würzen.

4. Spinatmischung in die Pilze füllen. Mozzarellawürfel darüber verteilen, mit Petersilie bestreuen und im vorgeheizten Backofen ca. 10 Minuten backen.

Gemüsesticks mit Quark

Für 1 Port. | Zubereitung: ca. 15 Min.

Zutaten

100 g Magerquark
1 EL Milch
1/4 Knoblauchzehe
1 EL Kräutermischung (TK-Produkt)
Salz
frisch gemahlener Pfeffer
Paprikapulver
200 g gemischtes Gemüse (z. B. Gurke, Paprikaschoten, Möhren, Tomaten, Staudensellerie)

So wird's gemacht

1. Quark und Milch cremig verrühren. Knoblauch schälen und fein hacken. Kräutermischung und Knoblauch mit dem Quark verrühren und mit Salz, Pfeffer und Paprikapulver abschmecken. Im Kühlschrank ziehen lassen.

2. Gemüse putzen, waschen und je nach Art schälen und entkernen. Gurke, Paprikaschoten, Sellerie und Möhren in längliche Streifen schneiden. Tomaten vierteln. Kräuterquark zu den Gemüsesticks servieren.

[Tipp] Dieser Low-Carb-Snack liefert viele Vitamine sowie gesunde Fette und gibt Energie. Außerdem ist es der perfekte Snack für unterwegs und im Büro.

Salat mit Avocado

Für 4 Port. | Zubereitung: ca. 15 Min.

So wird's gemacht

1. Römersalatherzen waschen und zerpflücken. Tomaten waschen, halbieren und vom Stielansatz befreien. Zwiebel schälen und in feine Ringe schneiden. Avocado halbieren und entkernen. Fruchtfleisch mit einem Löffel entnehmen und in Würfel schneiden. Mit 2 Esslöffeln Limettensaft beträufeln. Schafskäse würfeln.

2. Die vorbereiteten Zutaten in eine Schüssel geben, Oliven zufügen und locker vermischen. Auf 4 Schälchen verteilen. Restlichen Limettensaft mit Olivenöl und Joghurt verrühren. Mit Salz und Pfeffer abschmecken. Auf den Salat träufeln und mit Kürbiskernen bestreut servieren.

Zutaten

2 Römersalatherzen
6 kleine Tomaten
1 Zwiebel
2 reife Avocados
6 EL Limettensaft
50 g Schafskäse
80 g schwarze Oliven
2 EL Olivenöl
150 g Joghurt
Salz
frisch gemahlener Pfeffer
2 EL Kürbiskerne

Melonen-Mozzarella-Salat

mit gekochtem Schinken

Für 4 Port. | Zubereitung: ca. 15 Min.

Dieser frische Salat schmeckt besonders an heißen Sommertagen unwiderstehlich gut. Melonen sind ein prima Durstlöscher und das Eiweiß aus dem Mozzarella sorgt für ein lang anhaltendes Sättigungsgefühl.

So wird's gemacht

1. Melone halbieren und entkernen. Melonenfruchtfleisch mit einem Kugelausstecher zu Kugeln formen. Mozzarella abtropfen lassen. Zusammen mit den Melonenkugeln in 4 Schälchen verteilen.

2. Salat waschen, trocken schütteln und zerpflücken. Basilikum waschen, trocken schütteln, Blättchen abzupfen. Größere Blätter grob hacken. Salat und Basilikum mit Olivenöl über die Melone und den Mozzarella verteilen. Mit Limettensaft beträufeln und mit Salz und Pfeffer abschmecken. Schinken in mundgerechte Stücke schneiden und zufügen. Sofort servieren.

Zutaten

1 große oder 2 kleine Melonen (z. B. Cantaloupe)
250 g Mini-Mozzarellakugeln
100 g Pflücksalat
1/2 Bund Basilikum
4 EL Olivenöl
Saft von 2 Limetten
Salz
frisch gemahlener Pfeffer
4 Scheiben gekochter Schinken

Bärlauchcremesuppe

Für 4 Port. | Zubereitung: ca. 20 Min.

Zutaten

150 g Bärlauch
1 Schalotte
1 Bund Schnittlauch
1 EL Öl
500 ml Gemüsebrühe
150 g Crème fraîche
Salz
frisch gemahlener Pfeffer

So wird's gemacht

1. Bärlauch waschen, trocken schütteln, Stiele entfernen und in feine Streifen schneiden. Einige Streifen für die Dekoration beiseitelegen. Schalotte schälen und fein würfeln. Schnittlauch waschen, trocken schütteln und in feine Ringe schneiden.

2. Öl in einem Topf erhitzen. Schalotte darin glasig anschwitzen. Bärlauch zugeben und Brühe aufgießen. Ca. 10 Minuten bei mittlerer Hitze köcheln lassen. Topf vom Herd nehmen und mit einem Stabmixer fein pürieren.

3. Crème fraîche einrühren, nochmals kurz aufkochen lassen. Mit Salz und Pfeffer abschmecken und, Schnittlauch unterrühren. In Suppenteller füllen und mit Bärlauchstreifen garnieren.

Avocado-Spinat-Smoothie

Für 2 Port. | Zubereitung: ca. 5 Min.

So wird's gemacht

1. Avocado entkernen. Fruchtfleisch mit einem Löffel entnehmen und in einen Mixer geben. Mit Limonensaft beträufeln.

2. Spinat waschen und trocken schütteln. Stangensellerie putzen, waschen und in Stücke schneiden.

3. Spinat und Sellerie in den Mixer geben. Mit ca. 500 Milliliter Wasser auffüllen und alles kräftig mixen. Wer es süßer mag, kann noch 1/2 Apfel mitpürieren.

[Tipp] In Pflanzengrün stecken jede Menge Vitamine, Mineralstoffe, Spurenelemente und sekundäre Pflanzenstoffe.

Zutaten

1 reife Avocado
Saft von 1 Limone
1 Handvoll Babyspinat
4 Stangensellerie
1/2 Apfel nach Belieben

[Hauptmahlzeiten

Der pure Genuss

Gefüllte Zucchini

mit Feta und Hackfleisch

Für 2 Port. | Zubereitung: ca. 1 Std.

Zutaten

450 g Zucchini
1 Tomate
1 Zwiebel
1 Knoblauchzehe
20 g Oliven ohne Stein
2 Stängel Petersilie
1 Stängel Pfefferminze
1 Stängel Dill
2 EL Öl
120 g gemischtes Hackfleisch
1 Ei
Salz
frisch gemahlener Pfeffer
250 ml Gemüsefond
50 g Feta
Basilikum zum Garnieren

Mit nur 17 Kalorien pro 100 Gramm und vielen Vitaminen sind Zucchini nicht nur ein besonders köstlicher, sondern auch leichter Leckerbissen.

So wird's gemacht

1. Zucchini quer halbieren, mit einem Löffel aushöhlen und dabei einen Rand von ca. 5 Millimeter stehen lassen. Fruchtfleisch klein würfeln. Tomate waschen, halbieren, vom Stielansatz befreien und klein würfeln. Zwiebel und Knoblauch schälen und fein hacken. Oliven fein würfeln.

2. Kräuter waschen, trocken schütteln und Blättchen bzw. Fähnchen fein hacken. Backofen auf 180 °C (Umluft: 160 °C) vorheizen.

3. Öl in einer Pfanne erhitzen. Gemüse darin anbraten. Hackfleisch zugeben und krümelig goldbraun anbraten. Kräuter und Ei zufügen und unterrühren. Mit Salz und Pfeffer abschmecken.

4. Zucchinihälften mit der Hackfleischmasse füllen und in eine Auflaufform legen. Mit Feta krümelig bestreuen. Gemüsefond aufgießen. Mit Alufolie abdecken und im vorgeheizten Backofen ca. 40 Minuten garen. Aus dem Backofen nehmen und mit Basilikum garniert servieren.

Weißkohl-Hackfleisch-Auflauf

Für 4 Port. | Zubereitung: ca. 1 Std. 15 Min.

Weißkohl ist im Winter eine gute Quelle für Vitamin C und enthält nur 6 Gramm Kohlenhydrate pro 100 Gramm.

So wird's gemacht

1. Salzwasser zum Kochen bringen. Weißkohl putzen und in mundgerechte Streifen schneiden. Weißkohl ca. 10 Minuten kochen, über einem Sieb abgießen.

2. Zwiebeln schälen und fein hacken. Tomate waschen, halbieren, vom Stielansatz befreien und würfeln. Petersilie waschen, trocken schütteln und fein hacken. Einige Blätter für die Dekoration beiseitelegen. Backofen auf 200 °C (Umluft: 180 °C) vorheizen.

3. Öl in einer Pfanne erhitzen und Hackfleisch anbraten. Zwiebel zufügen und mitbraten. Mit Salz, Pfeffer und Paprikapulver abschmecken und mit Weißkohl vermischen.

4. Auflaufform mit etwas Öl ausstreichen und Hackfleisch-Kohl-Masse einfüllen. Tomatenwürfel darauf verteilen.

5. Eier, Sahne und Petersilie verrühren. Mit Salz und Pfeffer würzen und über den Auflauf gießen. Geriebenen Käse darauf verteilen und im vorgeheizten Backofen ca. 35 Minuten backen. Mit Petersilie garniert servieren.

Zutaten

Salz
500 g Weißkohl
2 große Zwiebeln
1 große Tomate
1 Bund Petersilie
1 EL Öl und etwas Öl für die Form
500 g Rinderhackfleisch
frisch gemahlener Pfeffer
etwas Paprikapulver
3 Eier
200 g Sahne
200 g geriebener Käse (z.B. Edamer, Gouda oder Leerdammer)

Chili con Carne

mit viel Geschmack

Für 8 Port. | Zubereitung: ca. 1 Std. 15 Min.

Zutaten

1 mittelgroße Paprikaschote
2 mittelgroße Zwiebeln
4 Knoblauchzehen
1–2 rote Chilischoten
3 EL Butterschmalz
1000 g Rinderhackfleisch
2 Dosen Kidneybohnen
1 große Dose Tomaten
Salz
frisch gemahlener Pfeffer
1 Prise Kreuzkümmel
1 EL Oregano
1 TL Tabasco
saure Sahne nach Belieben

Chili con Carne ist einfach zuzubereiten und das perfekte Gericht, wenn Sie Gäste eingeladen haben.

So wird's gemacht

1. Paprika putzen, waschen und in kleine Streifen schneiden. Zwiebeln und Knoblauch schälen und fein hacken. Chilischoten waschen, halbieren, die Kerne herausschneiden und in feine Streifen schneiden.

2. Schmalz in einem hohen Topf auslassen. Zwiebeln und Knoblauch darin bei mittlerer Hitze glasig dünsten. Hackfleisch zugeben und bei starker Hitze unter gelegentlichem Rühren scharf anbraten. Paprika und Chilischoten zufügen und kurz mitbraten. Kidneybohnen über einem Sieb abtropfen lassen.

3. Tomaten mit einer Gabel leicht zerdrücken und in den Topf geben. Kidneybohnen zufügen und umrühren. Mit den Gewürzen kräftig abschmecken. Wer es schärfer mag, kann noch etwas Tabasco zugeben.

4. Chili con Carne zugedeckt kurz aufkochen, dann offen bei mittlerer Hitze ca. 1 Stunde köcheln lassen, ab und zu umrühren. Chili heiß servieren und nach Belieben mit einem Klecks saurer Sahne garnieren.

Gebratenes Steak

mit Tomaten und Pilzen

Für 2 Port. | Zubereitung: ca. 30 Min.

Dieses wunderbare Low-Carb-Rezept mit sehr viel Protein, kaum Fett und wenig Kohlenhydraten passt sowohl als Mittagsmahlzeit oder als Abendessen. Ganz ohne Brot, Pasta, Reis & Co!

So wird's gemacht

1. Tomaten waschen, halbieren und vom Stielansatz befreien. Champignons waschen, putzen und in Scheiben schneiden. Rosmarin waschen, trocken schütteln und in mehrere Stücke zupfen.

2. Öl in einer Pfanne erhitzen. Steaks in die heiße Pfanne legen und ca. 2–3 Minuten auf einer Seite scharf anbraten. Steaks wenden, Rosmarin darauflegen und mit Salz und buntem Pfeffer würzen. Weitere 2–3 Minuten scharf anbraten.

3. Steaks aus der Pfanne nehmen und warmstellen. Tomaten und Champignons in die Pfanne geben und kurz anrösten. Steaks mit Tomaten und Champignons auf Tellern anrichten und genießen.

Zutaten

450 g Cherry-Tomaten
60 g Champignons
1 EL Öl
340 g Rindersteaks
1 Zweig Rosmarin
Salz
bunter Pfeffer

Lammkarree
mit Kräuterkruste und Spargel

Für 4 Port. | Zubereitung: ca. 1 Std. 30 Min. + ca. 12 Std. Ruhezeit

Zutaten

5 Knoblauchzehen
2 Zweige Rosmarin
5–6 Zweige Thymian
9 EL Olivenöl
Salz
bunter Pfeffer
1 TL Zimt
800 g Lammrücken
2 Zwiebeln
500 ml Gemüsefond
500 g grüner Spargel
1 EL Butter
einige Granatapfelkerne

Lamm und Spargel harmonieren wunderbar zusammen. Genießen Sie dieses Low-Carb-Geschmackserlebnis!

So wird's gemacht

1. Knoblauch schälen und fein hacken. Rosmarin und Thymian waschen, trocken schütteln, Nadeln abstreifen und fein hacken. Knoblauch und Kräuter mit 8 Esslöffeln Olivenöl in einer großen Schüssel mischen. Salz, Pfeffer und Zimt zufügen und vermischen. Lammrücken damit marinieren und 12 Stunden im Kühlschrank ziehen lassen.

2. Backofen auf 200 °C (Umluft: 180 °C) vorheizen. Zwiebeln schälen und fein hacken. Lammrücken mit Gemüsefond und Zwiebeln in einen Bräter geben. Bräter in den Backofen (so weit oben wie möglich) stellen und die Kräuterkruste für 7–10 Minuten gratinieren. Deckel auf den Bräter legen und den Lammrücken im vorgeheizten Backofen ca. 1 Stunde garen.

3. Vom Spargel holziges Ende abschneiden und unteres Drittel schälen. 1 Esslöffel Öl und Butter in einer Pfanne erhitzen und die Spargelstangen je nach Dicke 3–4 Minuten anbraten. Lammrücken und Spargel anrichten und einige Granatapfelkerne darüberstreuen.

Gegrilltes Putenfilet

mit Tomaten-Paprika-Salsa

Für 2 Port. | Zubereitung: ca. 30 Min.
+ ca. 30 Min. Ruhezeit

Die köstliche Tomaten-Paprika-Salsa ist ein frischer und fruchtiger Begleiter zu allem Gegrillten.

So wird's gemacht

1. Putenfilet abspülen und abtrocknen. Mit Frischhaltefolie bedecken und leicht plattieren. Thymian und Rosmarin waschen, trocken schütteln und fein hacken. 1 Knoblauchzehe schälen und fein hacken. 1 Esslöffel Olivenöl mit Kräutern und Knoblauch verrühren. Mit Salz und Pfeffer würzen. Putenfilets darin ca. 30 Minuten marinieren.

2. Paprika putzen, waschen und würfeln. Tomate waschen, halbieren, vom Stielansatz befreien und würfeln. Zwiebel und 2 Knoblauchzehen schälen und fein hacken. Chilischote waschen, halbieren, die Kerne herausschneiden und in feine Streifen schneiden. Petersilie waschen, trocken schütteln und fein hacken. Alles in eine Schüssel geben. Oliven zufügen und mit 2 Esslöffeln Olivenöl und Limettensaft vermischen. Mit Salz und Pfeffer abschmecken.

3. Putenfilets abtropfen lassen und in einer Grillpfanne 3–4 Minuten von jeder Seite grillen. Filets mit der Salsa anrichten und genießen.

Zutaten

2 Putenfilets (à 120 g)
1/2 Bund Thymian
1/2 Bund Rosmarin
3 Knoblauchzehen
3 EL Olivenöl
Salz
frisch gemahlener Pfeffer
1 rote Paprikaschote
1 Tomate
1/2 rote Zwiebel
1 Chilischote
5–6 Stängel Petersilie
einige Oliven
Saft von einer 1/2 Limette

Hähnchen-Patties
im Salat-Wrap

Für 2 Port. | Zubereitung: ca. 40 Min.

Zutaten

2 cm Ingwer
1 Chilischote
2 Hähnchenbrüste
Saft und abgeriebene Schale von 1 unbehandelten Limette
1 TL Kumin
1 EL Koriander
1 TL Chat Masala
1 Prise Garam Masala
3 EL Öl, 2 Tomaten
1 kleine rote Zwiebel
4 große Blätter Eisbergsalat
1 EL gehackte Minze
4 EL Mayonnaise
1 EL Mango-Chutney

Leckere Burger lassen sich schnell, einfach und gesund zu Hause zubereiten – und das ohne Burgerbrötchen!

So wird's gemacht

1. Ingwer schälen und fein hacken. Chilischote waschen, halbieren, die Kerne herausschneiden und in feine Streifen schneiden. Hähnchenbrüste mit Ingwer und Chili in eine Küchenmaschine geben. Limettensaft und -schale zufügen sowie Kumin, Koriander und Masala zufügen. Zu einer cremigen Masse häckseln.

2. Aus der Hähnchenmasse vier gleich große flache Patties formen. Öl in einer Pfanne erhitzen und die Patties von beiden Seiten goldbraun anbraten.

3. Tomaten waschen, halbieren, vom Stielansatz befreien und in Scheiben schneiden. Zwiebel schälen und in Ringe schneiden. Eisbergsalat waschen und trocken schütteln. Minze mit Mayonnaise und Mango-Chutney verrühren.

4. Pro Burger-Pattie 1 Salatblatt auslegen und auf der Hälfte mit 1 Pattie, Tomatenscheiben und Zwiebelringen belegen. Etwas Chutney-Mayonnaise darüberträufeln und Salatblatt darüberklappen. Wie einen Burger genießen.

Frische Hühnerleber

in der Pfanne

Für 2 Port. | Zubereitung: ca. 20 Min.

Geflügelleber ist besonders gesund: Sie enthält nur wenig Fett und ist vitamin- und mineralstoffreich. In Kombination mit knackiger Paprika und vielseitigen Gewürzen kommt ihr leicht herbes Aroma bestens zur Geltung.

So wird's gemacht

1. Leber waschen, trocken tupfen und in mundgerechte Stücke schneiden. Paprika putzen, waschen und in Streifen schneiden. Zwiebeln schälen und in feine Ringe schneiden. Knoblauch schälen und fein hacken. Petersilie waschen, trocken schütteln und Blätter grob hacken.

2. 30 Gramm Butter in eine Pfanne geben und schmelzen lassen. Leber darin von allen Seiten kurz anbraten. Paprika, Zwiebeln, Knoblauch sowie Salbei- und Lorbeerblätter zufügen und bei geringer Hitze 4–6 Minuten garen.

3. Kurz vor Ende der Garzeit die restliche Butter zufügen und alles kräftig durchschwenken. Mit Salz und Pfeffer abschmecken. Mit Petersilie dekoriert servieren.

Zutaten

300 g Hühnerleber (küchenfertig)
1 rote Paprikaschote
2 Zwiebeln
2 Knoblauchzehen
1/2 Bund Petersilie
50 g Butter
3 Salbeiblätter
2 Lorbeerblätter
Salz
frisch gemahlener Pfeffer

Lachs auf Feldsalat
mit nussigem Dressing

Für 6 Port. | Zubereitung: ca. 30 Min.

Zutaten

900 g Lachsfilet (à 150 g)
500 g Feldsalat
500 g Cherry-Tomaten
4 mittelgroße Orangen
2 EL Sherry-Essig
1 EL Grand Manier
2 EL Sahne
Salz
frisch gemahlener Pfeffer
100 ml Haselnussöl
60 g gehackte Haselnüsse
2 EL Öl
6 TL Orangensaft

Dieser leckere Feldsalat mit gebratenem Lachs eignet sich optimal als schnelle Mittagsmahlzeit oder leichtes Abendessen.

So wird's gemacht

1. Lachsfilet waschen und trocken tupfen. Feldsalat waschen, putzen und trocken schütteln. Tomaten waschen und halbieren. Orangen halbieren und Saft auspressen.

2. Für die Salatsoße Orangensaft in eine Schüssel geben. Essig, Grand Manier und Sahne zufügen, umrühren und mit Salz und Pfeffer abschmecken. 90 Milliliter Haselnussöl zugießen und mit dem Schneebesen so lange schlagen, bis eine Emulsion entsteht. Haselnüsse untermischen.

3. Öl in einer Pfanne erhitzen. Filets mit Salz und Pfeffer würzen und in dem heißen Öl 1–2 Minuten von jeder Seite leicht hellbraun braten. Filets aus der Pfanne nehmen und auf einen Teller legen. Mit etwas Orangensaft und Haselnussöl bepinseln.

4. Feldsalat auf 6 Tellern anrichten. Tomatenhälften darauf verteilen und alles mit etwas Salatsoße beträufeln. Den noch warmen Lachs auf den Feldsalat legen und servieren.

Brasilianischer Fischeintopf

„Moqueca de peixe“

Für 4 Port. | Zubereitung: ca. 1 Std. 30 Min.

Holen Sie sich den exotisch-würzigen Geschmack Brasiliens einfach nach Hause auf den Tisch!

So wird's gemacht

1. Fischfilet waschen, trocken tupfen und in Stücke schneiden. 2 Knoblauchzehen schälen und hacken. Koriander waschen, trocken schütteln und fein hacken.

2. Knoblauch, Koriander, 2 Esslöffel Olivenöl, Zitronensaft, Salz und Pfeffer in einer Schüssel vermischen. Fischstücke darin ca. 30 Minuten marinieren.

3. Zwiebeln schälen und fein hacken. Paprika putzen, waschen und in feine Ringe schneiden. Restliche Knoblauchzehen schälen und fein hacken. Tomaten waschen, halbieren, vom Stielansatz befreien und würfeln. Petersilie waschen, trocken schütteln und grob hacken.

4. Zwiebeln und Knoblauch in 2 Esslöffeln Olivenöl und Palmöl glasig anschwitzen. Paprika und Tomaten zugeben und mit Fischfond ablöschen. Reduzieren lassen. Kokosmilch und 200 Milliliter Wasser zugeben und aufkochen lassen. Fischstücke in den Topf geben, Paprika und Kurkuma zufügen und alles ca. 30 Minuten köcheln lassen. Mit Petersilie bestreuen und heiß servieren.

Zutaten

1 kg Fischfilet (z. B. Barsch, Lachs, Kabeljau oder Zander)
4 Knoblauchzehen
1 Bund Koriander
4 EL Olivenöl
Saft von 1 Zitrone
Salz
frisch gemahlener Pfeffer
2 Zwiebeln
1 rote Paprikaschote
4 Tomaten
1/2 Bund Petersilie
2 EL Palmöl
100 ml Fischfond
200 ml Kokosmilch
2 TL Paprika rosenscharf
2 TL Kurkuma

Gegrillte Thunfischsteaks

mit Teriyakisoße

Für 4 Port. | Zubereitung: ca. 55 Min.

Zutaten

4 Thunfischfilets
4 Knoblauchzehen
4 EL Sojasoße
2 TL Reisessig
4 EL Tomatenketchup light
2 EL Erythritol oder Xylitol
175 ml Olivenöl
frisch gemahlener Pfeffer
2 Handvoll Feldsalat
8 Cherry-Tomaten

Teriyaki-Soße ist eine japanische Würzsoße, die mit ihrem intensiv würzig-süßen Geschmack ein besonderes Aroma verleiht. Mit gesunden Thunfischsteaks ein unwiderstehlicher Genuss.

So wird's gemacht

1. Thunfischfilets unter fließendem Wasser abspülen und trocken tupfen. 2 Knoblauchzehen schälen und fein hacken. Knoblauch, Sojasoße, Reisessig, Ketchup und Süßungsmittel in eine Schüssel geben und mit einer Gabel gut vermischen. Öl und Pfeffer zugeben und verrühren.

2. Thunfischfilets in einen Gefrierbeutel geben, Marinade zufügen und den Beutel fest verschließen. Vorsichtig vermengen und ca. 30 Minuten marinieren. Feldsalat waschen, putzen und trocken schütteln. Tomaten waschen, halbieren und vom Stielansatz befreien.

3. Eine Grillpfanne leicht einölen oder den Grill vorheizen. Thunfischfilets abtropfen lassen und von beiden Seiten ca. 3 Minuten grillen. Thunfischfilets mit Feldsalat und Tomaten auf Tellern anrichten und genießen.

Rosmarin-Garnelen

mit Zucchini-Tomaten-Gemüse

Für 4 Port. | Zubereitung: ca. 20 Min.

Diese schnelle Gemüsepfanne mit Garnelen schmeckt herrlich leicht und aromatisch. Jede Menge Eiweiß und wenig Kohlenhydrate sorgen für einen gesunden Genuss.

So wird's gemacht

1. Zucchini putzen, waschen und in feine Streifen schneiden. Tomaten waschen, halbieren und vom Stielansatz befreien. Schalotte und Knoblauch schälen und fein hacken. Rosmarin waschen und trocken schütteln.

2. 2 Esslöffel Öl in einer Pfanne erhitzen. Rosmarinzweige hineingeben. Garnelen bei mittlerer Hitze leicht glasig braten. Aus der Pfanne nehmen und warm stellen.

3. Restliches Öl in die Pfanne geben. Schalotte und Knoblauch kurz anrösten, Tomaten mitbraten. Garnelen und Zucchini zufügen und kurz mitbraten. Mit Salz und Pfeffer würzen. Garnelen mit Gemüse auf Tellern anrichten, mit Dill bestreuen und mit Zitronenspalten dekorieren.

Zutaten

4 mittelgroße Zucchini
8 Cherry-Tomaten
1 Schalotte
1 Knoblauchzehe
3 Zweige Rosmarin
4 EL Olivenöl
400 g Garnelen (küchenfertig)
Salz
frisch gemahlener Pfeffer
1 EL Dill
Zitronenspalten zum Garnieren

Gemüse-Ratatouille,
ganz klassisch

Für 4 Port. | Zubereitung: ca. 1 Std. 25 Min.

Zutaten

4 Zucchini
1 Aubergine
Salz
2 Zwiebeln
1 rote Paprikaschote
1 gelbe Paprikaschote
1 grüne Paprikaschote
8 Kirschtomaten
3 Knoblauchzehen
4 Stängel Petersilie
3 EL Olivenöl
125 ml Gemüsebrühe
frisch gemahlener Pfeffer
etwas gemahlener Koriander
einige Stängel Rosmarin für die Garnitur

Der Klassiker aus Südfrankreich punktet mit jeder Menge Aromen und Vitaminen.

So wird's gemacht

1. Zucchini und Aubergine schälen und in fingerdicke Scheiben schneiden. Mit Salz bestreuen und ca. 30 Minuten Wasser ziehen lassen. Zwiebeln schälen. Paprikaschoten waschen und entkernen. Zwiebeln und Paprikaschoten in breitere Streifen schneiden. Tomaten waschen, halbieren und vom Stielansatz befreien. Knoblauch schälen und fein hacken. Petersilie waschen, trocken schütteln und Blättchen abzupfen.

2. Aubergine und Zucchini trocken tupfen und halbieren. Öl in einer Pfanne erhitzen und beides darin kurz anschwitzen. Aus der Pfanne nehmen und beiseitestellen.

3. Zwiebeln, Knoblauch und Paprika in die Pfanne geben und kurz anbraten. Auberginen und Zucchini wieder zufügen, Gemüsebrühe zugießen und zugedeckt bei mittlerer Hitze ca. 30 Minuten dünsten. Tomaten zugeben und weitere ca. 15 Minuten köcheln. Mit Salz, Pfeffer und Koriander abschmecken und mit Petersilie bestreuen. Mit Rosmarin garniert servieren.

Spargel-Frittata
mit gehackten Kräutern

Für 4 Port. | Zubereitung: ca. 1 Std. 15 Min.

Ersetzen Sie den Spargel mit vielen anderen Gemüsesorten oder Pilzen und sorgen Sie so für jede Menge Abwechslung auf dem Teller.

Zutaten

1 kg grüner Spargel
Salz
2 EL Butter und etwas Butter für die Form
1 Zwiebel
frisch gemahlener Pfeffer
8 Eier
200 ml Milch
250 g Sahne
2 EL Crème fraîche
2 EL gehackter Kerbel
2 EL gehackte Petersilie
etwas frisch geriebener Muskat

So wird's gemacht

1. Vom Spargel holziges Ende abschneiden, Spargel waschen und unteres Drittel schälen. Schräg in 3–4 Zentimeter lange Stücke schneiden. Ausreichend Salzwasser zum Kochen bringen, Spargel hineingeben und ca. 5 Minuten bei mittlerer Hitze kochen lassen. Über einem Sieb abtropfen lassen. Backofen auf 180 °C (Umluft: 160 °C) vorheizen. Auflaufform mit Butter ausstreichen.

2. Zwiebel schälen und fein hacken. 2 Esslöffel Butter in einer Pfanne schmelzen und Zwiebel darin glasig dünsten. Spargel mit Zwiebel mischen und in die Auflaufform füllen. Mit Salz und Pfeffer würzen.

3. Eier mit Milch, Sahne und Crème fraîche verschlagen, Kerbel und Petersilie zufügen und mit Salz, Pfeffer und Muskat abschmecken. Über die Spargel-Zwiebel-Mischung gießen und im vorgeheizten Backofen 30–40 Minuten stocken lassen. Vor dem Servieren in Stücke schneiden.

[Desserts

Klein, aber fein

Erdbeertiramisu
mit Mandelmehl

*Für 4 Port. | Zubereitung: ca. 45 Min.
+ ca. 2 Std. Kühlzeit*

Dass das bekannte italienische Dessert auch ohne viele Kalorien und Kohlenhydrate auskommen kann, zeigt dieses Erdbeertiramisu.

So wird's gemacht

1. Vanillepudding mit Milch und 50 Gramm Erythrit nach Packungsanweisung zubereiten. Auskühlen lassen.

2. Für das Biskuit Backofen auf 175 °C (Umluft: 155 °C) vorheizen. 4 Eier, 80 Gramm Erythrit, geriebene Zitronenschale und Rum schaumig rühren. Mandelmehl unterheben und auf ein Backblech streichen. Für 10-15 Minuten in den vorgeheizten Backofen geben. Biskuit herausnehmen und auskühlen lassen.

3. Erdbeeren waschen, putzen und in Scheiben schneiden. 3 Eier mit 50 Gramm Erythrit cremig schlagen. Ausgekühlten Pudding mit Mascarpone, restlichem Erythrit und Vanillepulver vermischen. Eier unterheben.

4. Abwechselnd Biskuit, Creme und Erdbeerscheiben in eine Auflaufform schichten. Mit Cremeschicht abschließen und mit Erdbeerscheiben belegen. Vor dem Servieren für ca. 2 Stunden kalt stellen.

Zutaten

1 Packung Vanillepuddingpulver
500 ml Milch
230 g Erythrit
7 Eier
abgeriebene Schale von 1/2 unbehandelten Zitrone
1 EL Rum
40 g Mandelmehl
1 kg Erdbeeren
500 g fettarmer Mascarpone
1/4 TL Bourbon-Vanille-Pulver

Kiwi-Eis am Stiel

Für 5 Port. | Zubereitung: ca. 5 Min.
+ ca. 7 Std. Gefrierzeit

Zutaten

5 mittelgroße Kiwis
1 EL Agavendicksaft

So wird's gemacht

1. Kiwis schälen. 1 Kiwi in Scheiben schneiden und beiseitestellen. Die restlichen Kiwis grob würfeln und in einen Mixer geben. 100 Milliliter Wasser und Agavendicksaft als Süßungsmittel zugeben. Im Mixer fein pürieren.

2. Je 1 Kiwi-Scheibe in eine Eis-Form für Eis am Stiel legen und mit dem Kiwi-Püree auffüllen. Eis-Formen ins Gefrierfach stellen und ca. 1 Stunde anfrieren lassen. Nach ca. 1 Stunde die Formen herausholen und die Stiele hineinstecken. Für weitere ca. 6 Stunden im Gefrierfach fest werden lassen.

Joghurt-Pfirsich-Eis

*Für 1 Port. | Zubereitung: ca. 5 Min.
+ ca. 30 Min. Gefrierzeit*

So wird's gemacht

1. Pfirsiche waschen, trocken tupfen, halbieren und die Kerne entfernen. Pfirsichhaut abziehen. Pfirsiche in Spalten schneiden.

2. Die Hälfte der Spalten ca. 30 Minuten ins Gefrierfach legen. Gefrorene Spalten in den Mixer geben, Joghurt, Zitronensaft und Honig zufügen und fein pürieren.

3. Pfirsichspalten in einer Schale anrichten, Joghurt-Pfirsich-Eis zugeben und mit Minze dekoriert genießen.

Zutaten

2 Pfirsiche
100 g Naturjoghurt
1 EL Zitronensaft
1 TL Honig
Minze zum Dekorieren

Crème brûlée

Für 6 Port. | Zubereitung: ca. 45 Min.
+ ca. 12 Std. Kühlzeit

So wird's gemacht

1. Eigelbe mit 4 Esslöffeln Erythritol in eine Schüssel geben und mit dem Handrührgerät zu einer cremigen Masse verarbeiten. Sahne und Vanille-Extrakt in einen Topf geben und unter Rühren bei mittlerer Hitze aufkochen. Sahne vorsichtig unter die Eigelbmasse rühren, bis eine gleichmäßige Konsistenz erreicht wird.

2. Backofen auf 150 °C (Umluft: 130 °C) vorheizen. Crème in 6 hitzebeständige Schälchen füllen und mit Folie abdecken. Im Wasserbad ca. 3 Minuten abgedeckt stocken lassen.

3. Schälchen für ca. 30 Minuten in den vorgeheizten Backofen stellen. Herausnehmen, abkühlen lassen und ca. 12 Stunden im Kühlschrank ruhen lassen.

4. Kurz vor dem Servieren Backofen auf 220 °C Grillfunktion bzw. Oberhitze vorheizen. 2 Esslöffel Erythritol gleichmäßig über die Crème sieben und im vorgeheizten Backofen karamellisieren, bis die Oberfläche leicht gebräunt ist.

Zutaten

6 Eigelb
6 EL Erythritol
500 g Sahne
1/2 TL Vanille-Extrakt

Möhrenpudding

Für 2 Port. | Zubereitung: ca. 40 Min.

So wird's gemacht

1. Möhren putzen, schälen und grob würfeln. In kochendem Salzwasser ca. 20 Minuten weich kochen.

2. Möhren in die Küchenmaschine oder einen Mixer geben. Mit Kokosraspeln ca. 1 Minute pürieren. Kokosmilch und Gewürze zufügen und zu einem cremigen Pudding verarbeiten. Mit Mandelstiften bestreut servieren.

[Tipp] Gesund und ohne zusätzlichen Zucker hat dieser Pudding einen wunderbar harmonischen Geschmack.

Zutaten

8 Möhren
Salz
2 EL Kokosraspel und einige für die Dekoration
100 ml Kokosmilch
1 TL Zimt
1 Prise frisch gemahlener Muskat
1 Prise gemahlene Nelken
1 EL Mandelstifte

Lavendel-Heidelbeer-Chia-Pudding

Für 2 Port. | Zubereitung: ca. 20 Min. + ca. 1 Std. Ruhezeit

Zutaten

200 ml ungesüßte Mandelmilch
2 TL Lavendel
100 g Heidelbeeren
2 EL Chia-Samen
2 TL Agavendicksaft
50 g Sojajoghurt
70 g Quark
30 g gehackte Nussmischung

Dieses außergewöhnliche Dessert punktet nicht nur mit seiner Optik, sondern auch mit viel Geschmack. Ihre Gäste werden begeistert sein!

So wird's gemacht

1. Mandelmilch in einen Topf geben, Lavendel zufügen und aufkochen. Bei geringer Hitze ca. 10 Minuten köcheln. Abkühlen lassen.

2. Heidelbeeren zufügen und alles fein pürieren. Chia-Samen und Agavendicksaft unterrühren. In den Kühlschrank stellen und ca. 1 Stunde quellen lassen.

3. Joghurt und Quark vermengen. Heidelbeermasse aus dem Kühlschrank nehmen und die Joghurt-Quark-Mischung unterrühren. In Gläser füllen und mit der Nussmischung toppen.

[Tipp] Das Topping für dieses leckere Desert kann nach Belieben ergänzt werden. Lecker schmecken z. B. auch getrocknete Maulbeeren.

Mandel-Parfait,

der perfekte Abschluss

Für 8 Port. | Zubereitung: ca. 35 Min. + ca. 8 Std. Kühlzeit

Zutaten

150 g ganze Mandeln
15 g Butter
75 g Erythrit
1 TL Zimt
1 TL Spekulatiusgewürz
400 g kalte Sahne
25 g Eiweißpulver Vanillegeschmack
6 Eier
50 g Puder-Erythrit
3 TL Stevia-Streupulver mit Erythrit
1 EL Rum
1 Tasse kalter Espresso
einige Himbeeren
50 g Xylit-Edelbitter-Schokolade

So wird's gemacht

1. Mandeln in eine Pfanne ohne Fett geben und goldgelb anrösten. Butter zufügen und schmelzen lassen. Erythrit, Zimt und Spekulatiusgewürz zufügen, umrühren und aufkochen lassen. Pfanne vom Herd nehmen. Unter ständigem Rühren abkühlen lassen. Mandeln mit einem scharfen Messer hacken.

2. Sahne steif schlagen. Eiweißpulver untermischen. Eier trennen. Eiweiße steif schlagen. Eigelbe mit Puder-Erythrit, Stevia, Rum und Espresso verrühren. In diese Mischung vorsichtig die Sahne untermischen und den Eischnee unterheben. Gebrannte Mandeln zufügen.

3. Eine Kasten- oder Terrinenform mit Frischhaltefolie auskleiden. Die Mischung hineinfüllen und ca. 8 Stunden im Tiefkühler gefrieren lassen.

4. Vor dem Servieren aus dem Tiefkühler nehmen und ca. 10 Minuten antauen lassen. Folie entfernen und das Parfait in ca. 3 Zentimeter dicke Scheiben schneiden. Xylit-Edelbitter-Schokolade grob hacken. Mandel-Parfait mit einigen frischen Himbeeren und Schokolade servieren.

Quark-Kirsch-Auflauf,

süß-saurer Genuss

Für 2 Port. | Zubereitung: ca. 35 Min.

So wird's gemacht

1. Quark, Eier, Puddingpulver und Stevia-Fluid in einer Schüssel miteinander vermischen. Mit Zimt und Vanille-Extrakt nach Belieben abschmecken. Backofen auf 170 °C (Umluft: 150 °C) vorheizen.

2. Kirschen unter die Quarkmasse rühren. 2 backofenfeste Schälchen mit Butter ausstreichen. Quark-Kirsch-Masse hineinfüllen und mit Mandelblättchen bestreuen. Im vorgeheizten Backofen ca. 25 Minuten backen.

[Tipp] Diese süße Nachspeise ist schnell zubereitet und lässt sich nach Belieben variieren. Probieren Sie doch einmal statt Kirschen eine Beerenmischung, denn Beeren haben nur wenige Kohlenhydrate.

Zutaten

400 g Quark
2 Eier
1/3 Päckchen Vanillepuddingpulver
3–4 Tropfen Stevia-Fluid
Zimt nach Belieben
Vanille-Extrakt nach Belieben
1 Handvoll TK-Sauerkirschen
etwas Butter für die Form
Mandelblättchen zum Dekorieren

Low-Carb-Waffeln
aus Kokosmehl

Für 8 Port. | Zubereitung: ca. 25 Min.

Zutaten

120 g Butter
5 Eier
Salz
40 g Kokosmehl
40 g Xylit-Zucker
1 TL Backpulver
3 EL Milch
etwas Vanillearoma
Kokosöl
Erythritol-Puderzucker

Auf die geliebten Waffeln müssen Sie auch bei der Low-Carb-Ernährung nicht verzichten. Und bei diesen köstlichen Waffeln bleibt garantiert keine mehr übrig.

So wird's gemacht

1. Butter in einem Topf schmelzen und abkühlen lassen. Eier trennen. Eiweiße mit etwas Salz sehr steif schlagen. Eigelbe mit Kokosmehl, Xylit-Zucker und Backpulver verrühren. Die flüssige Butter unterrühren. Milch und Vanillearoma zugeben und zu einem Teig vermengen. Den Eischnee vorsichtig unterheben.

2. Waffeleisen mit Kokosöl einfetten und erhitzen. Den Teig portionsweise ausbacken. Mit Erythritol-Puderzucker bestäuben und sofort servieren.

Schoko-Kokos-Kugeln,

einfach unwiderstehlich

Für ca. 20 Stück | Zubereitung: ca. 35 Min.
+ ca. 45 Min. Kühlzeit

Diese verführerischen Kugeln zergehen auf der Zunge und schmecken zu jeder Gelegenheit: ob zum Tee, Kaffee oder einfach als kleine Nascherei zwischendurch.

So wird's gemacht

1. Butter und Xylit-Zucker mit dem Handrührgerät gründlich verrühren. Vanillezucker, Kakao, Eiweißpulver, Kokosmehl und Kaffee zufügen und zu einem glatten Teig verarbeiten.

2. Der Teig lässt sich am besten mit feuchten Händen formen. Kleine Kugeln formen und auf einen Teller legen. Die fertigen Kugeln kurz im Tiefkühler ruhen lassen.

3. Kokosraspel in eine Schüssel füllen. Bitterschokolade im Topf oder im Wasserbad erhitzen. Kugeln mit einem Löffel nacheinander in das Schokobad geben und anschließend in Kokosraspeln wälzen. Schoko-Kokos-Kugeln in einzelne Pralinenförmchen legen und ca. 45 Minuten im Tiefkühler ruhen lassen.

Zutaten

100 g Butter
100 g Xylit-Zucker
1 TL Vanillezucker
2 EL Kakaopulver
2 EL Eiweißpulver Schokogeschmack
1 EL Kokosmehl
2 EL kalter Kaffee
50 g Bitterschokolade
80 g Kokosraspel

[Backen

Ganz ohne Getreide

Lemon Cheesecake
mit Mandelmehl

Zutaten

60 g Butter und etwas Butter für die Form
50 g Kokosöl
5 Eier, 130 g Erythrit
370 g Sahne
1/2 TL gemahlene Vanille
100 g Mandelmehl und etwas Mandelmehl für die Form
1 TL Johannisbrotkernmehl
1 TL Backpulver
1/2 TL Natron
400 g Quark
10 g Vanille-Xylitpulver
etwas abgeriebene Schale und Saft von 1 unbehandelten Zitrone und einige unbehandelte Zitronenscheiben für die Garnitur
2 Päckchen Sahnesteif

Für 12 Stücke | Zubereitung: ca. 1 Std. 30 Min.

Im Gegensatz zu gemahlenen Mandeln ist Mandelmehl weitaus fettärmer, da es komplett entölt ist.

So wird's gemacht

1. Backofen auf 160 °C (Umluft: 140 °C) vorheizen. Butter und Kokosöl bei geringer Hitze schmelzen. Eier trennen, Eiweiße mit Salz steif schlagen.

2. Zur Butter-Kokosöl-Mischung 90 Gramm Erythrit und Eigelbe zufügen und schaumig schlagen. 120 Gramm Sahne und Vanille zugeben und verschlagen. Mandelmehl, Johannisbrotkernmehl, Backpulver und Natron zugeben und alles vermischen. Eischnee vorsichtig unterheben. Springform mit Butter einfetten und mit Mandelmehl ausstreuen. Teig in die Form füllen und im vorgeheizten Backofen ca. 30 Minuten backen. Abkühlen lassen.

3. Quark, restliches Erythrit, Vanille-Xylitpulver, Zitronenabrieb und -saft miteinander vermischen. Restliche Sahne steif schlagen, Sahnesteif einrühren und unter die Quarkmischung heben. Zitronencreme auf dem Tortenboden verteilen und nach Belieben mit dünnen Zitronenscheiben dekorieren.

Kirschkuchen,
fast wie von Großmutter

Für 6 Port. | Zubereitung: ca. 40 Min.

Zwar enthält Obst eine gewisse Menge an Kohlenhydraten, darf aber bei einer Low-Carb-Ernährung dennoch nicht fehlen. Statt Süßkirschen sollten Sie auf die kohlenhydratärmeren Sauerkirschen zurückgreifen.

So wird's gemacht

1. Backofen auf 180 °C (Umluft: 160 °C) vorheizen. Kirschen waschen und entsteinen. Butter, Eier und Kokosmilch in eine Schüssel geben und mit dem Handrührgerät verrühren.

2. Vanilleschote der Länge nach mit einem Messer halbieren und mit dem Messerrücken das Mark herauskratzen. Mark, Xylit, Kokosmehl, Backpulver und Flohsamenschalenpulver mit in die Schüssel geben und alles gut miteinander verrühren.

3. Backform mit Butter ausstreichen. Form mit Teig füllen und die Kirschen vorsichtig in den Teig drücken. Im vorgeheizten Backofen ca. 25 Minuten backen. Stäbchenprobe machen: Am Holzstäbchen darf kein flüssiger Teig haften. Abkühlen lassen. Nach Belieben mit Erythritol-Puderzucker bestreuen.

Zutaten

250 g Kirschen (frisch oder TK-Produkt)
25 g Butter und etwas Butter für die Form
4 Eier
30 ml Kokosmilch
1 Vanilleschote
3 EL Xylit
40 g Kokosmehl
1 TL Backpulver
1 TL Flohsamenschalenpulver
Erythritol-Puderzucker nach Belieben

Chocolate Brownies,
die muss man probieren

Für ca. 9 Stück | Zubereitung: ca. 45 Min.

Zutaten

30 g Zartbitterschokolade
2 Eier
55 g Butter
40 g Kakaopulver
150 g Süßstoff
70 g Mandelmehl
1/2 TL Backpulver
1 Fläschchen Vanillearoma

Je dunkler die Schokolade, desto besser! Ein Kakaoanteil von mindestens 50 % erzeugt nicht nur eine feinherbe Schokoladennote, sondern wirkt sich auch positiv auf das Herz-Kreislauf-System und den Blutdruck aus.

So wird's gemacht

1. Backofen auf 170 °C (Umluft: 150 °C) vorheizen. Schokolade grob hacken. Eier trennen und Eiweiße steif schlagen.

2. Einen Topf zu drei Vierteln mit Wasser füllen und auf ca. 60 °C erhitzen (das Wasser darf nicht kochen!). Topf vom Herd nehmen. Eine Metall- oder Glasschüssel mit gehackter Schokolade füllen und Schokolade mit Butter im Wasserbad schmelzen. Ab und zu mit einem Löffel umrühren.

3. In die Schokoladenmasse Eigelbe, Kakaopulver, Süßstoff, Mandelmehl, Backpulver und Vanillearoma geben und alles mit dem elektrischen Handrührgerät verrühren. Eischnee vorsichtig unterheben. Teig in eine Brownieform füllen und glatt streichen. Im vorgeheizten Backofen ca. 20 Minuten backen.

Cremige Matcha-Cupcakes

Für 15 Stück | Zubereitung: ca. 1 Std. 15 Min.

Das trendige Teepulver lässt sich wunderbar zum Backen verwenden. So bekommen die Cupcakes eine geheimnisvoll grüne Farbnote.

So wird's gemacht

1. Hefe in 50–70 Milliliter warmem Wasser auflösen. Stevia im Mörser zerkleinern. Stevia in eine Rührschüssel geben, Xylit, Mandeln, Weizenkleber und 2 Teelöffel Matcha zufügen und gut verrühren.

2. Hefe, Eier und Quark zufügen und gründlich zu einer gleichmäßigen Masse verrühren. Den Teig löffelweise in Cupcake-Förmchen füllen.

3. Cupcakes ca. 35 Minuten im Backofen bei 175 °C Umluft backen (Backofen nicht vorheizen!). Cupcakes abkühlen lassen.

4. Sahne mit 1 Teelöffel Matcha steif schlagen. Sahne ca. 15 Minuten kühlen und anschließend in einen Spritzbeutel füllen. Sahnehäubchen auf die Cupcakes spritzen und servieren.

Zutaten

1/2 Würfel Hefe
2 Stevia-Tabletten
1 1/2 TL Xylit
200 g gemahlene Mandeln
40 g Weizenkleber
3 gehäufte TL Matcha
2 Eier
125 Magerquark
200 g Sahne

Schoko-Zucchini-Muffins

Für 12 Stück | Zubereitung: ca. 40 Min.

Zutaten

1/2 Tasse Kokosöl
3/4 Tasse Kokosblütenzucker
3 große Eier
1 1/2 Tassen geraspelte Zucchini
2 TL Vanille-Extrakt
1 TL Apfelessig
1 Tasse Mandelmehl
1/2 Tasse Kakaopulver
1/2 Tasse Kokosmehl
1 TL Backpulver
1 TL Zimt
1 Prise Salz
1/2 Tasse Xylit-Puderzucker
1/2 Tasse Kokosmilch

Mit fein geriebenen Zucchini wird der Schokoladenteig besonders saftig. Und das Mandel- und Kokosmehl gibt den Muffins eine aromatische Note.

So wird's gemacht

1. Backofen auf 180 °C (Umluft: 160 °C) vorheizen. Kokosöl und Kokosblütenzucker in eine Rührschüssel füllen und mit dem Handrührgerät vermischen. Eier zufügen und vermischen. Zucchini, Vanille-Extrakt und Apfelessig zugeben und alles gut verrühren.

2. In einer zweiten Schüssel Mandelmehl, Kakaopulver, Kokosmehl, Backpulver, Zimt und Salz miteinander vermischen. Die trockenen Zutaten der Zucchini-Mischung zufügen und alles gut verrühren.

3. Muffinform mit Papierförmchen auslegen. Teig vorsichtig einfüllen. Im vorgeheizten Backofen 15–25 Minuten backen. Stäbchenprobe machen: Am Holzstäbchen darf kein flüssiger Teig haften. Etwas abkühlen lassen.

4. Aus Xylit-Puderzucker und Kokosmilch eine Glasur herstellen und auf die abgekühlten Muffins auftragen.

Heidelbeermuffins
mit Mandelstreuseln

Für 12 Stück | Zubereitung: ca. 50 Min.

Heidelbeeren besitzen besonders viele gesunde Antioxidantien, was sie zu einem wahren Superfood macht. Darüber hinaus sind sie voller Vitamine, kalorienarm und der perfekte Low-Carb-Snack.

So wird's gemacht

1. Eier und 75 Gramm Xylit mit dem Handrührgerät schaumig rühren. 75 Gramm Butter unterrühren. 100 Gramm Mandelmehl, 75 Gramm Mandeln, Bittermandelaroma, Backpulver, Zitronenschale und Salz miteinander vermischen. Zur Eier-Masse geben und unterrühren.

2. Backofen auf 200 °C (Umluft: 180 °C) vorheizen. Muffinform mit Papierförmchen auslegen. Teig in der Muffinform verteilen.

3. Heidelbeeren waschen, verlesen und gut abtropfen lassen. Heidelbeeren auf dem Teig verteilen und leicht andrücken.

4. Restliches Mandelmehl mit restlichen Mandeln, restlichem Xylit und restlicher Butter vermischen und zu Streuseln verarbeiten. Heidelbeeren mit Streuseln bestreuen. Im vorgeheizten Backofen ca. 25 Minuten backen.

Zutaten

3 Eier
175 g Xylit
225 g Butter
200 g Mandelmehl
175 g gemahlene Mandeln
1/4 Fläschchen Bittermandelaroma
1 Päckchen Backpulver
2 EL abgeriebene Schale von 1 unbehandelten Zitrone
1 Msp. Salz
300 g Heidelbeeren

Vanille-Schoko-Cake-Pops

Für ca. 20 Stück | Zubereitung: ca. 1 Std. + ca. 30 Min. Kühlzeit

Zutaten

2 Eier
170 g Sahne
110 g Mandelmehl
40 g Kokosmehl
1/2 Päckchen Backpulver
50 g Xylit
30 g Butter und etwas Butter für Form
80 g Frischkäse
1/2 Vanilleschote
30 g Xylit-Puderzucker
zuckerfreie Schokolade zum Dekorieren
Lollistiele

So wird's gemacht

1. Backofen auf 190 °C (Umluft: 170 °C) vorheizen. Eier und Sahne in eine Rührschüssel geben und mit dem Handrührgerät verrühren. Mandel- und Kokosmehl, Backpulver und Xylit zufügen und alles gründlich vermischen.

2. Eine Kastenform mit Butter ausstreichen und Teig darin verteilen. Im vorgeheizten Backofen ca. 20 Minuten backen. Teig aus der Form lösen und in eine Schüssel geben (der Teig muss nicht im Ganzen sein). Auskühlen lassen.

3. Für das Frosting Butter und Frischkäse cremig schlagen. Mark aus der Vanilleschote kratzen und zur Butter-Frischkäse-Mischung geben, Xylit-Puderzucker zufügen und alles gründlich miteinander verrühren.

4. Den abgekühlten Teig mit den Händen zerbröseln und mit dem Frosting vermengen. Daraus ca. 3 Zentimeter große Kugeln formen, auf einen Teller legen und ca. 30 Minuten im Kühlschrank ruhen lassen.

5. Schokolade in einem Topf oder im Wasserbad schmelzen. Einen Stiel in jede Kugel stecken, in die Schokolade tauchen und jeweils 3–4 Kugeln in ein hohes Glas stellen. Auskühlen lassen und servieren.

Chocolate-Chip-Mug-Cookie

Für 2 Port. | Zubereitung: ca. 40 Min.

So wird's gemacht

1. Backofen auf 180 °C (Umluft: 160 °C) vorheizen. Zwei kleine ofenfeste Formen mit etwas Butter ausstreichen. Butter in einem Topf schmelzen und in eine Schüssel geben.

2. Vanillearoma, Stevia, Backpulver und Eiweiß mit der Butter vermischen. Mandelmehl unterrühren. Schoko-Tröpfchen in den Teig rühren. Einige Schoko-Tröpfchen für die Dekoration beiseitelegen.

3. Teig in niedrige, ofenfeste Tassen füllen und mit einem feuchten Löffel gut andrücken. Restliche Schoko-Tröpfchen auf dem Teig verteilen und die Cookies im vorgeheizten Backofen 20–25 Minuten backen, bis sie außen leicht hellbraun werden. Kurz abkühlen lassen und lauwarm servieren.

[Tipp] Dieser schokoladigen Versuchung kann keiner widerstehen. Und das Beste daran: Die Cookies können gleich lauwarm genascht werden.

Zutaten

50 g Butter und etwas Butter für die Förmchen
2 Tropfen Vanillearoma
1 TL Stevia
1/2 TL Backpulver
1 Eiweiß
30 g Mandelmehl
4 g Schoko-Tröpfchen

Kokos-Häufchen

mit Bittermandelaroma

Für ca. 30 Stück | Zubereitung: ca. 40 Min. + ca. 10 Min. Ruhezeit

Zutaten

2 Eier
50 g Kokosblütenzucker
1/2 Fläschchen Bittermandelaroma
230 g Kokosraspel
100 g saure Sahne

Kokosblütenzucker zeichnet sich besonders durch seinen sehr niedrigen glykämischen Index aus. Dadurch lässt er den Blutzuckerspiegel nur langsam ansteigen und verhindert so Heißhungerattacken.

So wird's gemacht

1. Eier, Kokosblütenzucker und Bittermandelaroma mit dem elektrischen Handrührgerät vermischen. Kokosraspel und saure Sahne zufügen und gut verrühren. Ca. 10 Minuten ruhen lassen. Backofen auf 140 °C (Umluft: 120 °C) vorheizen. Backblech mit Backpapier auslegen.

2. Mit zwei Teelöffeln kleine, etwa gleich große Makronen auf das Backpapier setzen. Im vorgeheizten Backofen auf der untersten Schiene ca. 20–25 Minuten goldbraun backen. Kokoshäufchen vor dem Servieren auskühlen lassen.

Vanillekipferl,
aromatische Low-Carb-Variante

Für ca. 60 Stück | Zubereitung: ca. 35 Min.

Vanillekipferl gehören zu den beliebtesten Plätzchen, vor allem in der Weihnachtszeit. Sie sind wunderbar aromatisch und zergehen fast auf der Zunge.

Zutaten

250 g Mandelmehl
200 g Butter
125 g gemahlene Mandeln
3 Eigelb
150 g Xylit
1 Msp. Backpulver
1 Vanilleschote
50 g Xylit-Puderzucker

So wird's gemacht

1. Backofen auf 180 °C (Umluft: 160 °C) vorheizen. 2 Backbleche mit Backpapier auslegen. Mandelmehl, Butter und Mandeln mit Eigelben, Xylit und Backpulver mit dem elektrischen Handrührgerät verrühren. Vanilleschote der Länge nach mit einem Messer halbieren und mit dem Messerrücken das Mark herauskratzen. Mark zufügen und mit den Händen zu einem glatten Teig verkneten.

2. Den Teig zu etwa bleistiftdicken Rollen formen und diese in ca. 4–5 Zentimeter lange Stücke teilen. Die Enden etwas spitz rollen und die Teigstücke zu den typischen Kipferl biegen. Kipferl auf das Backpapier legen und im vorgeheizten Backofen ca. 10 Minuten backen. Die Vanillekipferl sollten hell bleiben.

3. Kipferl etwas auskühlen lassen. Die noch warmen Vanillekipferl in Xylit-Puderzucker wälzen. Auf ein Kuchengitter setzen und auskühlen lassen. In einer verschließbaren Dose lagern.

Register

Impressum

www.otus.ch

ISBN: 978-3-03793-646-7

Komplettproducing: twinbooks, München (Eva Hutter, Melanie Goldmann)
Text und Redaktion: Linda Freutel und Jana Lösch für twinbooks, München

Text- und Bildquellen:
2: ESstock/shutterstock.com; 5: Barbro Bergfeldt/shutterstock.com; 6: ESstock/shutterstock.com; 7: bitt24/shutterstock.com; 8: Minerva Studio/shutterstock.com; 10: Stokkete/shutterstock.com; 11: Oleksandra Naumenko/shutterstock.com; 12: Evan Lorne/shutterstock.com; 13: Minerva Studio/shutterstock.com; 14: Albina Glisic/shutterstock.com; 16: Dasha Petrenko/shutterstock.com; 17: picturepartners/shutterstock.com; 18: fotoinfot/shutterstock.com; 20: Artmim/shutterstock.com; 21: Dudarev Mikhail/shutterstock.com; 22: Valentyn Volkov/shutterstock.com; 23: Kerdkanno/shutterstock.com; 24: Sebastian Duda/shutterstock.com; 25: haveseen/shutterstock.com; 26: margouillat photo/shutterstock.com; 29: matka_Wariatka/shutterstock.com; 30: mubus7/shutterstock.com; 33: Natasha Breen/shutterstock.com; 34: Yulia von Eisenstein/shutterstock.com; 37: Tetiana Chudovska/shutterstock.com; 40: Kiian Oksana/shutterstock.com; 43: Olha Afanasieva/shutterstock.com; 44: Sanmongkhol/shutterstock.com; 45: Magdanatka/shutterstock.com; 46: Mila Atkovska/shutterstock.com; 49: AnastasiaNess/shutterstock.com; 50: Nickola_Che/shutterstock.com; 51: Joerg Beuge/shutterstock.com; 52: margouillat photo/shutterstock.com; 55: AS Food studio/shutterstock.com; 57: Yulia Davidovich/shutterstock.com; 58: muh23/shutterstock.com; 61: zi3000/shutterstock.com; 62: Nataliia Leontieva/shutterstock.com; 63: Bogdan Wankowicz/shutterstock.com; 64: margouillat photo/shutterstock.com; 66: llaszlo/shutterstock.com; 67: Ildi Papp/shutterstock.com; 68: hlphoto/shutterstock.com; 71 Digivic/shutterstock.com; 72: vkuslandia/shutterstock.com; 75: JMiks/shutterstock.com; 76: Marian Weyo/shutterstock.com; 79: Bochkarev Photography/shutterstock.com; 80: Barbara Dudzinska/shutterstock.com; 83: Timolina/shutterstock.com; 84: Tatiana Volgutova/shutterstock.com; 87: Peter Nadolski/shutterstock.com; 88: hlphoto/shutterstock.com; 91: Wiktory/shutterstock.com; 92: Ekaterina Smirnova/shutterstock.com; 95: margouillat photo/shutterstock.com; 96: Elena Fabbrili/shutterstock.com; 98: sarsmis/shutterstock.com; 100: Simone van den Berg/shutterstock.com; 102: Elena Shashkina/shutterstock.com; 103: Tatiana Volgutova/shutterstock.com; 105: vm2002/shutterstock.com; 107: Liesel Fuchs/shutterstock.com; 111: aliasemma/shutterstock.com; 112: MShev/shutterstock.com; 114: Jessmine/shutterstock.com; 117: zoryanchik/shutterstock.com; 118: Jessmine/shutterstock.com; 121: iLight photo/shutterstock.com; 122: Edith Frincu/shutterstock.com; 125: L.Trott/shutterstock.com; 126: bonchan/shutterstock.com; 131: Ildi Papp/shutterstock.com; 132: Natasha Breen/shutterstock.com; Abbildungen Cover: siehe Innenteil